MAISONS D'ARCHITECTES

II

JOËL CARIOU

MAISONS D'ARCHITECTES

II

2e édition

ÉDITIONS ALTERNATIVES

Cet ouvrage a été édité avec le concours de la société

deceuninck®

Préface

En réitérant notre soutien à la publication de *Maisons d'architectes*, le groupe Deceuninck poursuit son action de sensibilisation en faveur de la création architecturale contemporaine.

L'important succès du précédent ouvrage de Joël Cariou, cinq réimpressions en deux ans, démontre le réel désir d'information émanant des acteurs et prescripteurs du bâtiment comme du grand public.

Ayant lors de ces dernières années tissé un solide partenariat avec les premiers, Deceuninck se veut aujourd'hui encore plus proche des particuliers. La sortie du deuxième volume coïncide effectivement avec le lancement officiel de notre réseau de commercialisation grand public pour nos systèmes de fenêtres, portes, baies et vérandas en PVC.

Nous espérons ainsi contribuer au développement d'une architecture de qualité et participer à l'amélioration de l'habitat.

Paul Van Wambeke
Directeur général Deceuninck S.A.

Introduction

Ce deuxième volume de *Maisons d'architectes* présente vingt-trois habitations construites en France et en Belgique entre 1984 et 1996 ainsi que neuf projets librement imaginés par des architectes. De la modeste extension à la maison de rêve, cet ouvrage met en lumière une architecture inventive utilisant une large palette de matériaux.

Multiplicité des formes, profusion de lumière, fluidité de l'espace obtenue par l'abandon de la répartition conventionnelle des pièces, sobriété de l'architecture intérieure... Autant de qualités qui traduisent le modernisme de ces maisons et contribuent largement au plaisir d'habiter.

L'architecture contemporaine s'appuie également sur un rapport privilégié à la nature. Elle se singularise par le mariage de matériaux traditionnels comme la pierre ou le bois avec des matériaux contemporains tels que l'acier, l'aluminium ou le P.V.C. Ces produits hautement technologiques ont permis aux architectes d'ouvrir largement les pièces à vivre sur l'extérieur, créant ainsi une interaction dynamique entre le dedans et le dehors.

L'architecture commence dès le premier mètre carré construit. Or, légalement, le recours à un architecte n'est obligatoire qu'à partir d'une surface habitable supérieure à 170 m^2. Et pourtant, comme le démontre cet ouvrage, il n'est pas de projet, si petit soit-il, où l'homme de l'art n'apporte une réponse originale et rationnelle, transformant ainsi les rêves en réalité.

Sommaire

Maison au Château-d'Olonne

P. Barré - A. Lambot

1992

Située au Château-d'Olonne sur la côte vendéenne, cette maison, œuvre des architectes Philippe Barré et Agnès Lambot, érige sa silhouette abstraite et géométrique au milieu de résidences pseudo-vernaculaires. Large de 7 mètres, la construction orientée nord/sud se développe sur une longueur de 23 mètres. Elle accueille à la fois habitation et atelier de peintre. Cette double fonction, ainsi que le souhait du maître d'ouvrage de disposer d'amples pans de mur pour accrocher ses toiles, ont déterminé le parti architectural. Ainsi, les circulations horizontales, au rez-de-chaussée comme à l'étage, s'effectuent par des galeries ouvrant sur le séjour en double hauteur.

Au niveau inférieur, la galerie longe à l'ouest de l'entrée la façade nord opaque. Cette galerie est séparée du séjour par un meuble à mi-hauteur qui accueille des espaces de rangement. Elle offre avec les murs adjacents un important linéaire de cimaises. De part et d'autre du séjour se déploient à l'est, la cuisine, les sanitaires et le garage ; à l'ouest, l'atelier éclairé par une large baie en façade nord.

A l'étage, à l'aplomb de celle du rez-de-chaussée, une galerie donne sur le vide du séjour. A l'ouest de ce vaste volume, on trouve une chambre bénéficiant d'une vue sur l'océan. A l'opposé une première chambre, prolongée par un large balcon, s'ouvre sur le jardin. Les deux autres chambres occupent la partie est de la maison. La surface habitable est de 212 m^2.

Avec les deux galeries de circulation horizontale, les architectes ont créé une véritable promenade à l'intérieur de l'espace construit, permettant d'appréhender les œuvres exposées.

Esquisse de l'architecte

Façade sud.

La façade nord avec à droite la baie vitrée de l'atelier du peintre. Un auvent en béton surplombe l'entrée.

Le salon, d'une double hauteur, est orienté au sud. Notez, en retrait du balcon, l'échappée visuelle à travers la baie vitrée de la chambre à l'étage. Cette baie ouvre cette pièce vers l'ouest et amplifie la notion d'espace.

Vue sud-est de la maison avec le garage et les deux chambres à l'étage sur la façade est.

Le séjour, d'une double hauteur, lie spatialement les deux galeries de circulation. Le meuble délimitant la galerie au rez-de-chaussée est en médium peint. A droite, les architectes ont inséré avec soin une vitrine destinée à accueillir une maquette très chère au cœur du propriétaire. Remarquez, au-dessus du pilier porteur, la jonction creuse entre le garde-corps plein et le mur. Ce détail allège le garde-corps en lui donnant l'impression d'être suspendu. La galerie de l'étage est éclairée dans sa partie supérieure par une étroite ouverture vitrée qui capte la lumière du nord.

« L'intervention de l'architecte des Bâtiments de France a été primordiale pour que la construction de cette villa de bord de mer, située à proximité d'une chapelle classée dans un périmètre protégé, puisse être consentie par la commune : ou, quand le monument historique vient à l'aide de l'architecture contemporaine. »

Philippe Barré et Agnès Lambot

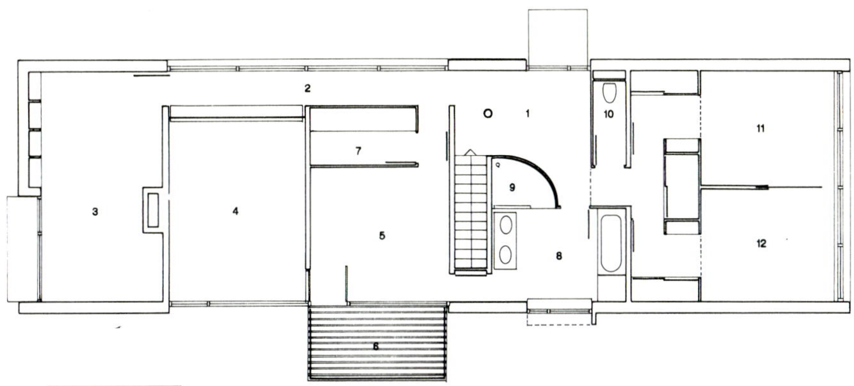

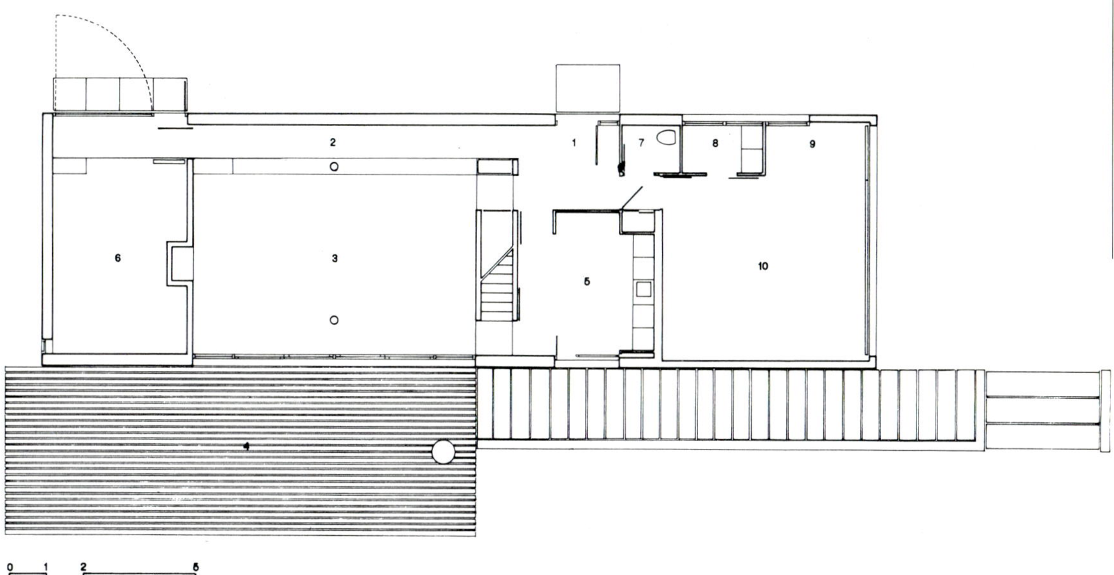

Maison "M"

Stéphane Beel

1 9 9 2

Tel un avion parqué en bout de piste, la maison "M" dessinée par Stéphane Beel s'étire le long d'un mur clôturant le potager du manoir voisin. Elle se trouve à proximité de Bruges en Belgique. Bien que s'inscrivant parfaitement dans le site, on imagine volontiers ce magnifique objet architectural prendre son envol et suivre les pérégrinations géographiques de ses propriétaires. Large de 7 mètres, la maison se développe sur une longueur de 60 mètres. La hauteur totale du bâtiment est de 4,30 mètres. Un patio en façade est ainsi qu'une terrasse en forme de L côté ouest rythment cet immense bloc monolithique.

Une ossature en poutres d'acier supporte des murs en parpaings et une dalle de béton armé au plancher. Décollée du sol d'une cinquantaine de centimètres, la maison semble flotter parallèlement au mur de clôture adjacent. Du côté de ce mur, une passerelle d'accès en plan incliné mène à l'entrée. Sur la façade principale, deux blocs de béton avec des marches conduisent au jardin.

Façades est et ouest sont revêtues d'un bardage en cèdre rouge. Les façades latérales, les faces internes du patio et celles de la terrasse reçoivent, elles, une peau de plaques d'aluminium anodisé.

Les espaces intérieurs s'agencent suivant un schéma relationnel classique : la sphère parentale à une extrémité, celle des enfants et des amis à l'autre. Le centre de la maison, très ouvert sur le jardin, accueille les espaces publics. La surface habitable est de 365 m^2.

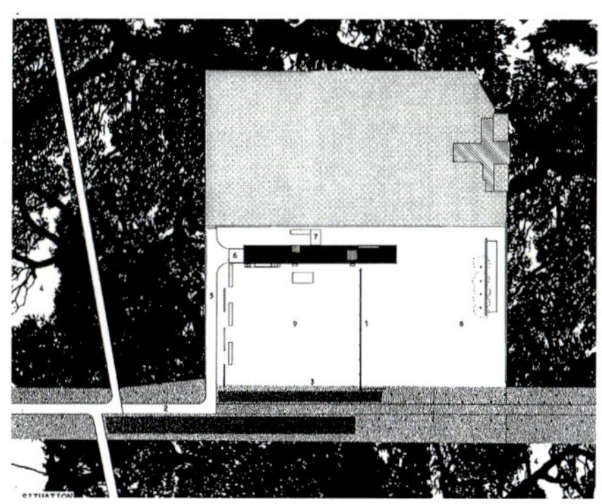

Plan de masse.

Un pas japonais fait de pierres plates précède le plan incliné qui mène à l'entrée. A droite, on aperçoit le patio avec de part et d'autre la cuisine et la salle à manger.

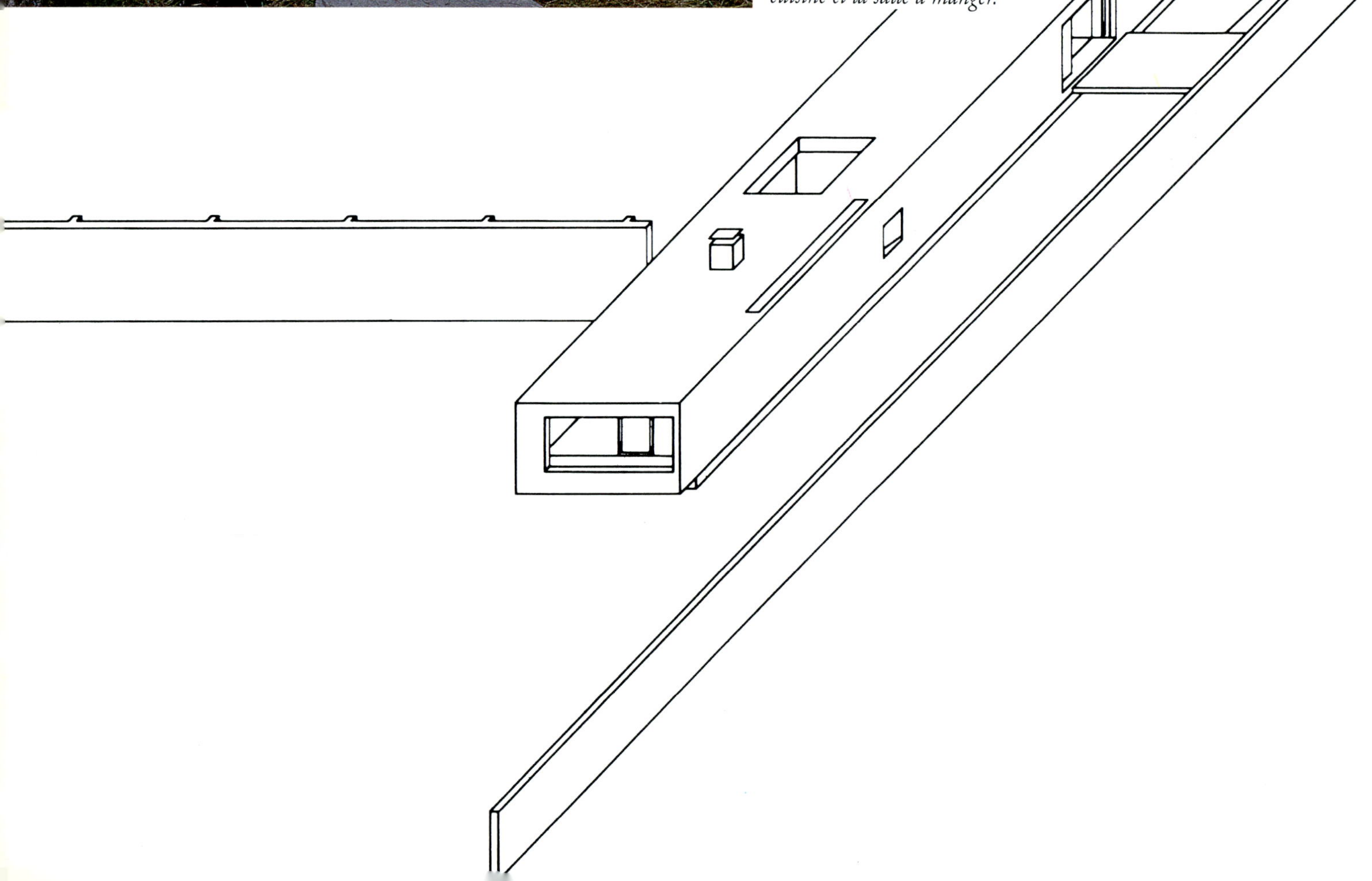

Vue de la cuisine. Le bloc de béton, avec les marches d'escalier, est désolidarisé de la structure de la maison et apparaît comme une véritable sculpture.

De gauche à droite se situent successivement le patio, la salle à manger, l'entrée, les sanitaires puis le salon. La chaise longue à droite est une création de l'architecte et designer danois Poul Kjaerholm (1929-1980).

Vue du salon et de la terrasse ouverte sur le ciel. La maison se prolonge à droite du mur d'enceinte (voir plan).

"Ce qui pourrait paraître initialement illogique dans ses dimensions et ses proportions crée en fait, après analyse plus approfondie, d'innombrables relations, aussi bien au sein de la maison qu'entre intérieur et extérieur. Ce n'est ni le résultat logique d'une simple circulation fonctionnelle ni celui de principes d'organisation, mais le résultat engendré par la rencontre de valeurs instinctives et irrationnelles.
C'est l'équilibre entre une neutralité acceptée et une conception d'aménagement puissante. Ces idées, présentes dès le début du projet, sont restées des références tout au long du processus de conception."

Stéphane Beel

Coin feu.

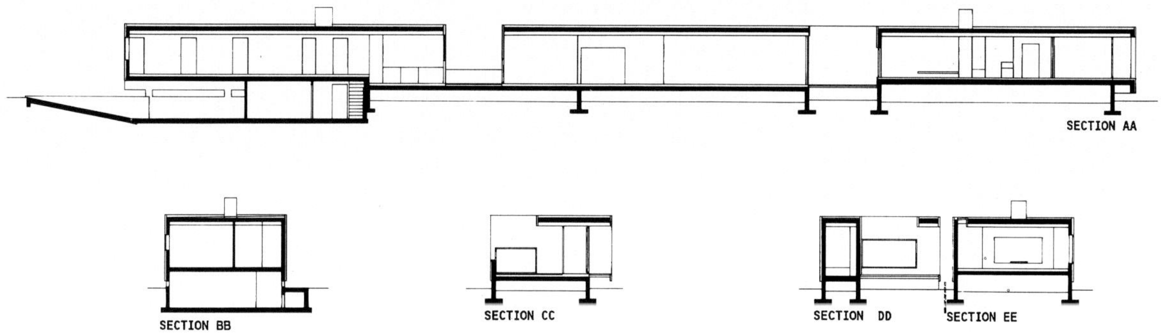

SECTIONS

SCALE 5M

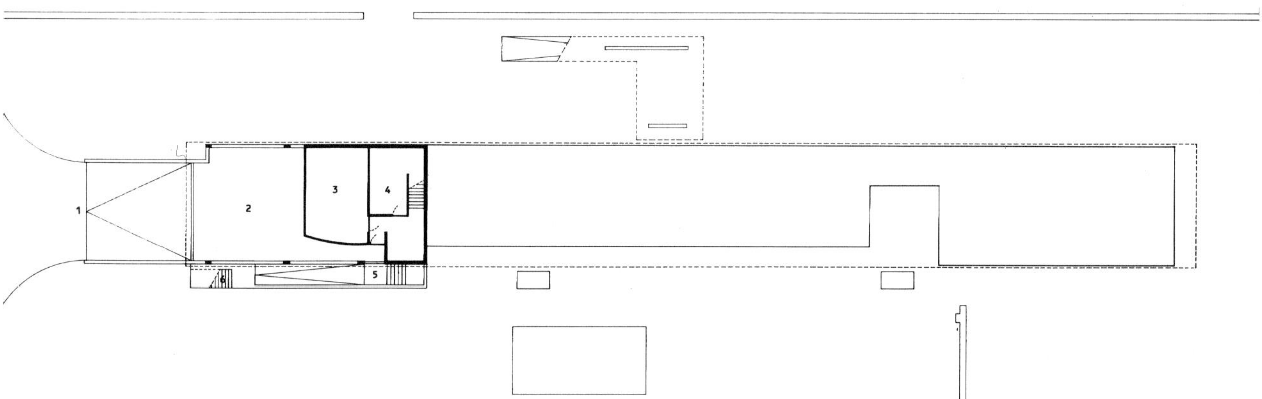

BASEMENT

1 ENTRANCE CARPORT 2 CARPORT 3 STORAGE 4 HEATING ROOM 5 RAMP/STAIR TO GARDEN 6 STAIR TO PLAY AREA CHILDREN

SCALE 5M

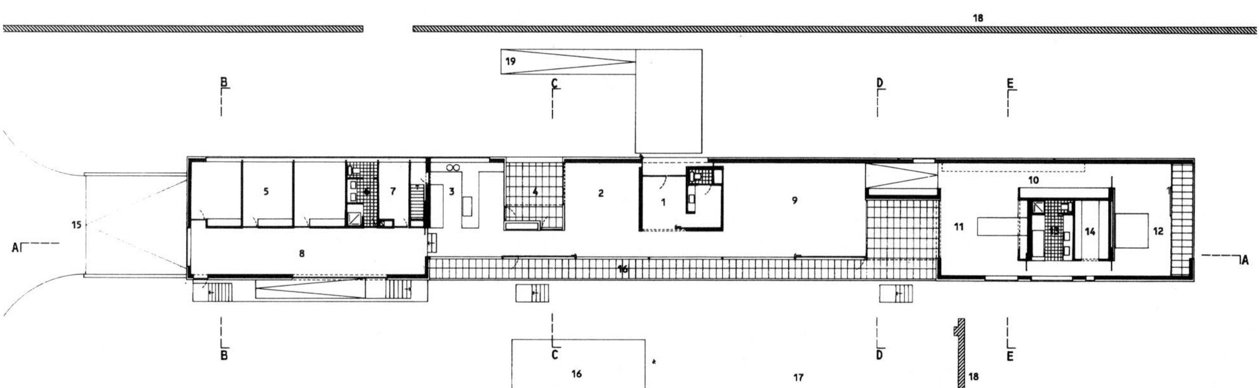

GROUNDFLOOR

1 ENTRANCE 2 DINING 3 KITCHEN 4 PATIO 5 BEDROOM CHILD 6 BATHROOM 7 LAUNDRY 8 PLAY AREA 9 LIVING 10 LIBRARY 11 FIRE PLACE
12 BEDROOM PARENTS 13 BATHROOM 14 DRESSING 15 ENTRANCE CARPORT 16 TERRACE 17 GARDEN 18 WALL 19 RAMP TO ENTRANCE

SCALE 5M

Maison Kubler

Christian Biecher

1 9 9 5

Située à Mittelhausbergen, à la périphérie de Strasbourg, la maison Kubler dessinée par Christian Biecher émerge au milieu d'un lotissement où fleurissent les pastiches architecturaux de toutes sortes. Implantée sur le flanc d'une colline, d'où l'on aperçoit la cathédrale de Strasbourg, la maison se présente sous la forme d'un parallélépipède blanc. Elle est coiffée d'un toit dont les plis évoquent l'origami, cet art japonais du papier plié. Ce pliage a été imaginé par Christian Biecher, suite à un décret du P.O.S. imposant des toitures à double pente, à 45 degrés. Paradoxalement, c'est cette contrainte réglementaire qui a poussé l'architecte à faire œuvre de créativité.

Intégrées dans les pans du toit, trois verrières éclairent généreusement le volume contenant les circulations verticales. A partir de ce volume, véritable cœur de la maison, s'organisent les différents espaces intérieurs. L'emploi du béton pour la structure a permis de développer des porte-à-faux importants, créant une alternance de pleins et de vides qui s'articulent en diagonales. Cette récurrence des diagonales engendre des surfaces trapézoïdales, enrichissant ainsi les perspectives des volumes bâtis (voir plans). La surface habitable est de 285 m^2.

Au niveau inférieur, outre un vaste garage et les locaux techniques, on trouve un espace bibliothèque ouvert sur le volume de l'escalier. Cet espace est éclairé par la lumière déversée par les verrières du toit ainsi que par d'étroites fenêtres, situées en partie supérieure au ras du jardin.

Au rez-de-chaussée, le séjour ouvert sur trois côtés enserre la cuisine. Puis, de l'autre côté du vide central, se situe la chambre des parents avec une salle de bains, des toilettes et deux dressing.

A l'étage, une passerelle relie les deux parties d'habitation de part et d'autre du volume central. D'un côté se situent trois chambres et une salle de bains. De l'autre, se déploie un grand salon chaleureux et intime, prolongé à l'extérieur par un balcon.

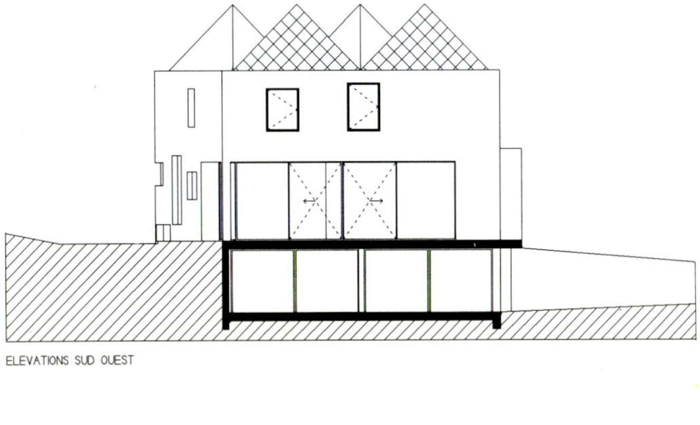

ELEVATIONS SUD OUEST

Page précédente : des baies vitrées coulissantes et la parfaite continuité du sol entre l'intérieur et l'extérieur effacent les limites de l'espace.

Le salon de l'étage, depuis lequel on aperçoit la cathédrale de Strasbourg, jouit d'une lumière exceptionnelle. A droite, la passerelle desservant les chambres.

Vue de l'entrée depuis le séjour. Ce volume relie spatialement les trois niveaux de la maison. A gauche, on aperçoit les ouvertures vitrées en bandeau de l'espace bibliothèque situé au niveau inférieur. Notez la transparence du garde-corps réalisé en métal perforé. La découpe du plafond révèle l'élégant porte-à-faux du niveau supérieur.

« A l'époque où j'ai dessiné la maison Kubler, mon projet était de réaliser un bâtiment dans lequel l'espace se plie et se déplie. J'étais alors influencé par l'architecture baroque et la lecture enrichissante du livre de Gilles Deleuze, *Le Pli*.

A l'instar des maisons anciennes de la région, j'ai voulu un volume extérieur simple : une boîte avec un escalier au milieu. La toiture en forme de pliage a conféré à la construction son petit côté ironique, un joli pied de nez aux réglementations locales. Je cherchais à obtenir un espace intérieur fluide et continu, adapté au mode de vie d'une famille moderne, en créant un lieu propice à la communication, constitué de volumes intimistes articulés par de grands espaces ouverts vers l'extérieur, vers le ciel et vers un jardin en devenir.

Aujourd'hui, la maison vit par ses habitants et il faut qu'un peu de temps passe afin que chacun et chaque chose y trouve sa place. »

Christian Biecher

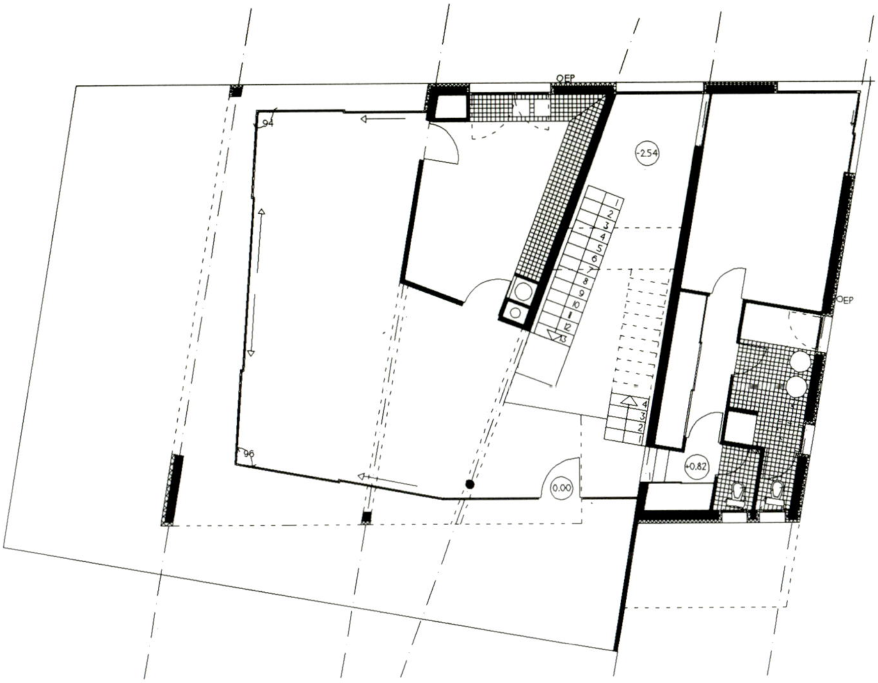

Façade principale. A droite on aperçoit par transparence les verrières du toit. Ce dernier est revêtu de plaques d'Eternit.

Page ci-contre : volume contenant les circulations verticales.

Un large balcon prolonge le salon de l'étage.

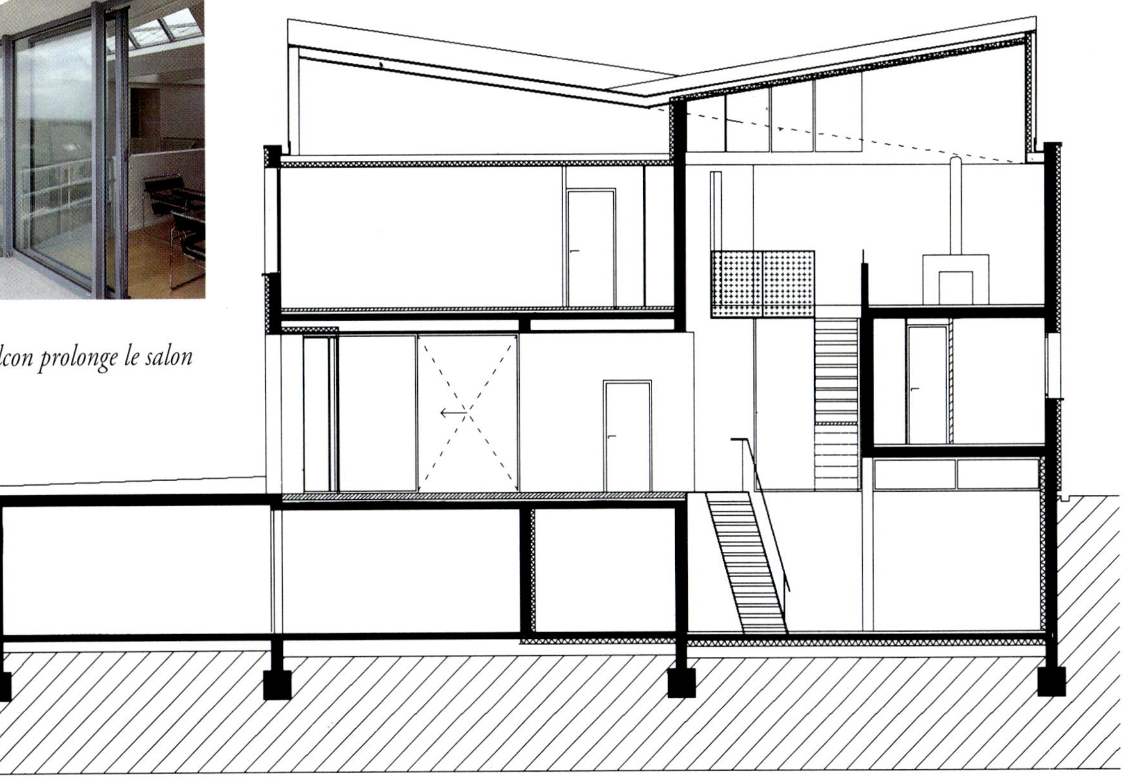

Maison sur le bassin méditerranéen

Gilles Bouchez

1 9 9 5

Implantée sur un piton rocheux face à la Méditerranée, cette villa conçue par Gilles Bouchez se développe sous un immense pont en bois, réalisé en cèdre rouge du Canada. L'accès à la maison se fait depuis le haut de la colline par un enchaînement de quatre volées de marches. La dernière se dédouble, permettant soit de gagner directement le toit terrasse, véritable balcon sur la mer, soit de pénétrer dans le patio central. Une partition claire détermine l'articulation des espaces entre eux : partie commune et parties privées. Le fond du patio, abrité par le pont en bois (*deck*), assure la liaison entre la partie nuit et la partie jour. De part et d'autre se déploient la chambre des maîtres de maison puis l'ensemble cuisine, salle à manger, bureau et séjour. Dans la partie adossée à la montagne, sont réunis les espaces de service (voir plan). La forte déclivité du terrain a permis de créer un second niveau d'habitation sous le premier où trouvent place deux chambres d'amis et un atelier de peintre. L'intégration de la villa dans le site est parachevée par la découpe arrière du *deck* épousant les contours du relief. A la courbure du toit répond celle du mur en voile de béton qui délimite les espaces de service. Le débord de la partie avant du toit forme une pergola étayée par de fins poteaux métalliques. De type I.P.N., la section creuse de ces derniers est comblée par une pièce de bois. Le béton des murs, laissé brut de décoffrage et revêtu d'une lasure teintée, contribue à fondre l'habitation dans le paysage. Cette maison offre une surface habitable de 338 m^2.

Vue des deux niveaux d'habitation se développant sous le deck.

NIV. 25.65
NIV. 22.76
NIV. 23.29
NIV 25.65
NIV 25.65
0 1 2 3 4 5
10 m.

“Une plaque de bois fichée dans la montagne. Qui s'y reposera ressentira un doux vertige : celui d'être suspendu entre le ciel et la mer au centre du rêve. Revenu sur le sol et protégé par l'ombre qu'elle projette, il contemplera la beauté du lieu par séquences contrôlées.”

Gilles Bouchez

Les sols extérieurs sont réalisés en béton avec incrustation de galets roulés noirs.

Une découpe dans le deck met la terrasse du premier niveau en communication avec le ciel.

Chambre du premier niveau avec au fond la salle de bains.

Patio du premier niveau.

*Deux énormes portes en aluminium au profil en aile d'avion relient les parties communes et privées de part et d'autre du patio.
Notez l'harmonieuse courbe ondoyante du mur.*

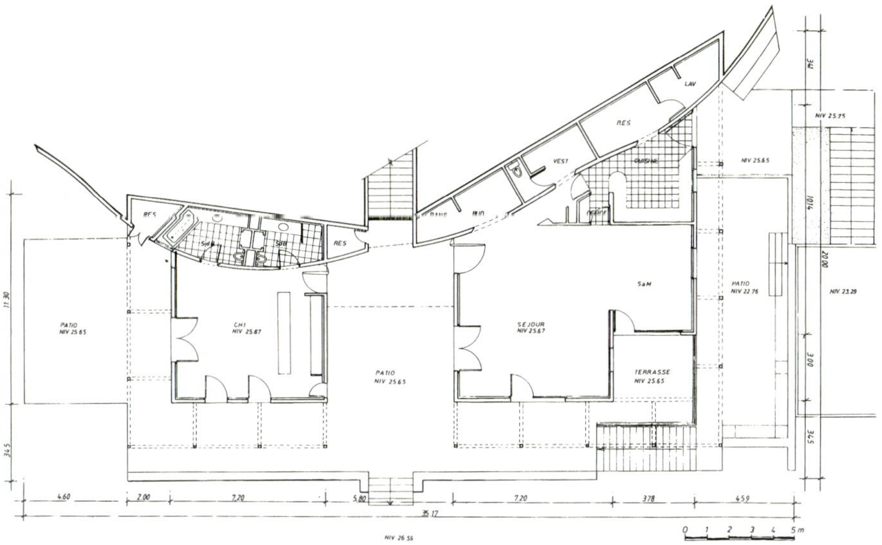

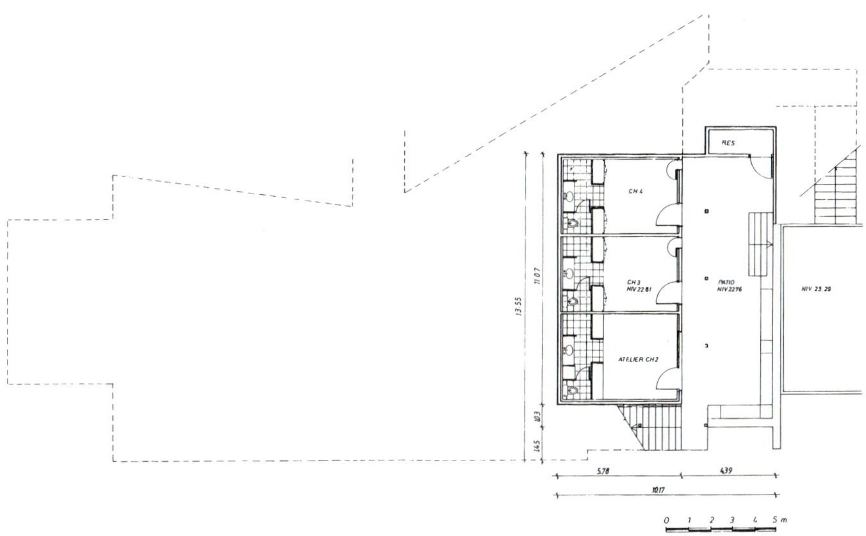

Maison Lefeuvre

G. Bouchez - M.-S. Barlatier

1994

A Livry-Gargan, en Seine-Saint-Denis, le souhait du maître d'ouvrage d'édifier une maison à l'architecture résolument contemporaine, avec un budget restreint, a conduit les architectes Gilles Bouchez et Marie-Sylvie Barlatier à imaginer un parallélépipède intégrant toutes les fonctions de l'habitation, y compris le garage. L'implantation de ce parallélépipède scinde la parcelle en trois jardins aux ambiances bien distinctes. Le décollement partiel de la façade principale dynamise ce bâtiment minimaliste et permet de dégager, sur une double hauteur, le volume de l'entrée (voir esquisse ci-dessous). Si la construction est de type traditionnel – parpaings, toit terrasse, doublage en Placoplâtre – les matériaux utilisés pour le revêtement extérieur sont, quant à eux, très innovants pour l'habitat individuel. Ainsi, la partie dédoublée de la façade est revêtue d'un bardage en tôle d'aluminium laquée blanc. Le reste de la maison est entièrement recouvert de faïence blanche. Ce contraste entre les revêtements met les volumes en tension l'un par rapport à l'autre. Un mur oblique, implanté parallèlement entre la maison et la clôture en métal perforé, isole le jardin face au séjour. Ce mur, très sculptural, est également carrelé en blanc.

L'espace intérieur s'articule autour du séjour en double hauteur, orienté sud-ouest et baigné de lumière grâce à l'immense baie vitrée proportionnelle au volume de la pièce. L'entrée, la cuisine et une mezzanine à l'étage s'ouvrent sur ce vaste séjour. La surface habitable totale est de 148 m^2.

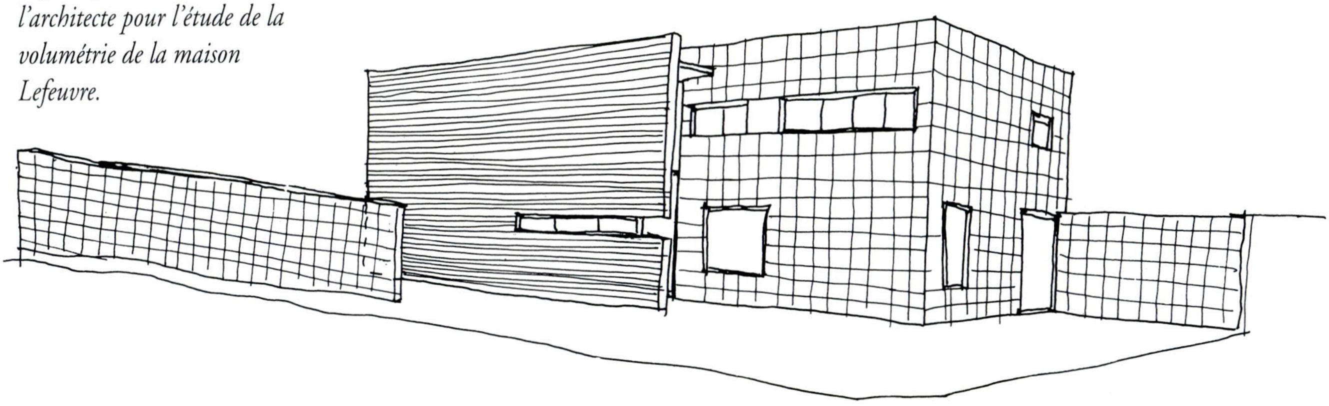

Esquisse préliminaire de l'architecte pour l'étude de la volumétrie de la maison Lefeuvre.

Transparence totale de la maison depuis le seuil de l'entrée.

L'immense baie du séjour se déploie sur une double hauteur. A droite, la surface vitrée de la partie arrière du volume de l'entrée éclaire également le séjour.

Une étroite ouverture à hauteur du regard cadre des vues bien précises. Notez la juxtaposition des matériaux employés comme revêtement : faïence et tôle d'aluminium.

“Un parallélépipède posé avec précision sur un rectangle de sol. Une division spatiale s'opère et aussitôt naissent des lieux différents. La démultiplication du plan de la façade frontale en permet la communication comme à travers des ouïes.”

Gilles Bouchez

L'orthogonalité des surfaces vitrées rythme majestueusement l'espace intérieur.

Le bloc cuisine avec à l'étage la mezzanine. A droite de l'escalier, remarquez le mur qui s'interrompt avant le plafond, amplifiant ainsi la notion d'espace.

On aperçoit depuis le palier de l'étage la partie supérieure de la baie vitrée du séjour.

La mezzanine dessert une des chambres de l'étage.

Vue de la cuisine ouvrant sur le séjour.

Maison Lefeuvre

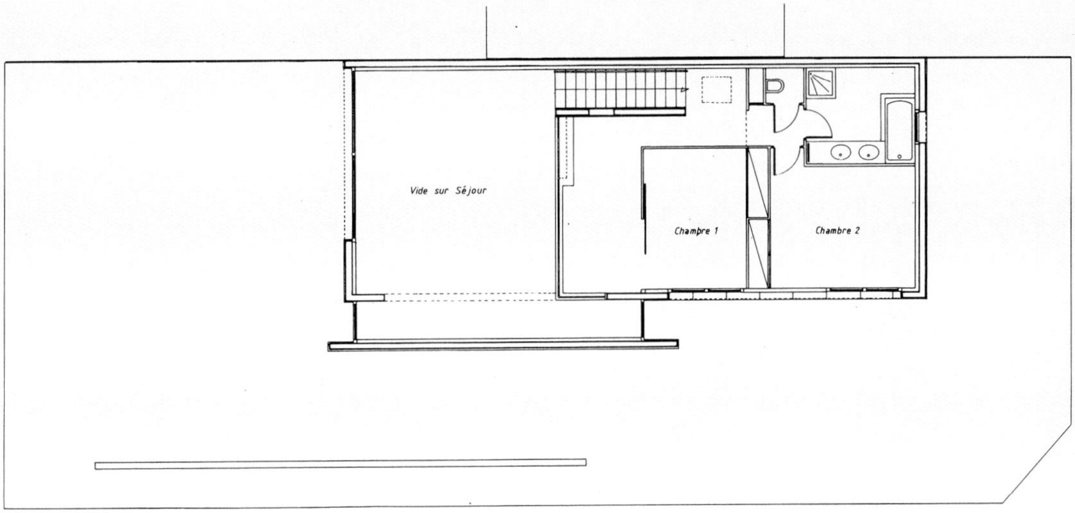

PLAN ETAGE

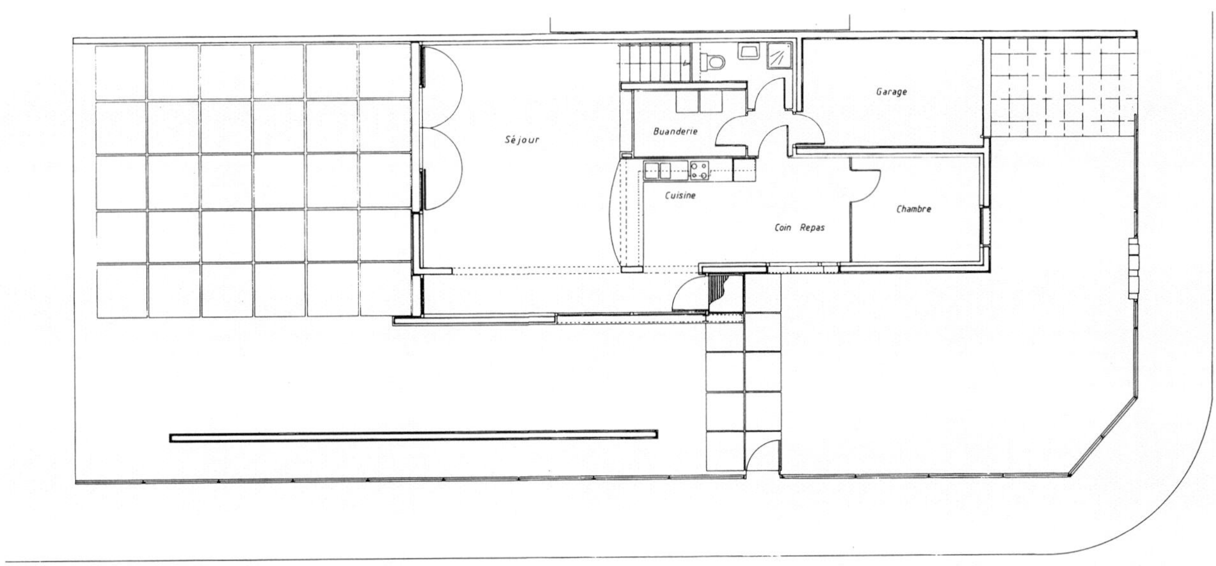

PLAN REZ-DE-CHAUSSEE

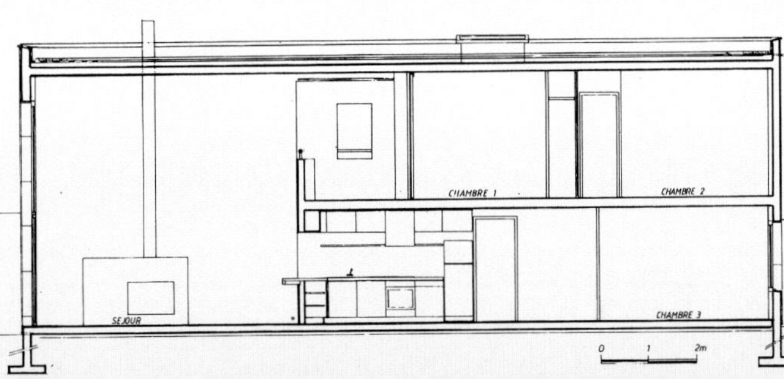

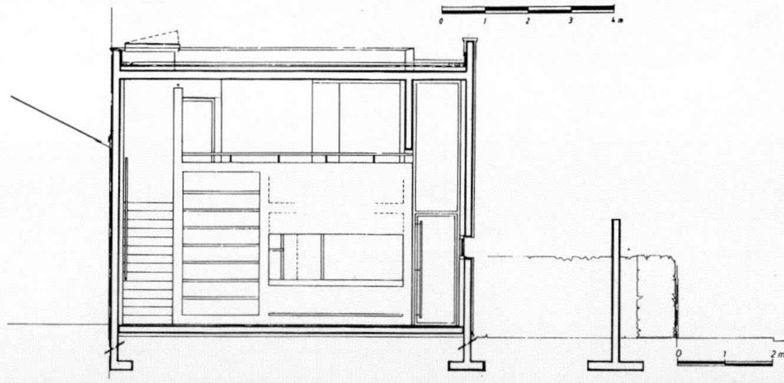

Maison Crenn

Philippe Brulé

1995

Magnifique objet architectural, la maison Crenn, dessinée par Philippe Brulé, est située à Combrit dans le Sud-Finistère, au sein d'un hameau proche de l'océan. Le maître d'ouvrage souhaitait une habitation de vacances très lumineuse et surtout disposer d'une vue sur la rivière de Pont-l'Abbé toute proche. Ce programme a conduit l'architecte à imaginer cette maison ouverte sur le jardin et coiffée d'une pièce en belvédère. Cet espace privilégié, prolongé par une terrasse, accueille un petit salon bibliothèque. Du fait de sa hauteur, il offre un panorama splendide sur la campagne environnante et sur la rivière.

Construite en béton, la maison est revêtue d'un enduit lisse blanc accrochant merveilleusement la lumière très changeante de cet endroit de la Bretagne, le pays bigouden.

L'enveloppe extérieure se caractérise par des formes géométriques simples, aux lignes très épurées. La façade principale, orientée sud-ouest, s'ouvre généreusement sur le jardin grâce à une baie d'une double hauteur. Le bloc cheminée en saillie vient ponctuer cette surface vitrée. Aux deux angles de la façade, des baies sur les pignons offrent une vision à 180°.

La partie arrière de la maison, plus opaque, accueille les espaces privés de l'habitation. L'escalier aérien, implanté parallèlement aux plans de la façade, assure la transition entre espaces ouverts et fermés.

Au rez-de-jardin se situent le salon, le séjour, la cuisine, l'office, une chambre, une salle d'eau et des toilettes.

A l'étage se déploient trois autres chambres, une salle d'eau, des sanitaires, un espace-jeu et une mezzanine ouvrant sur le vide du salon. Enfin, sur le toit terrasse se dresse tel un poste de vigie l'espace bibliothèque. La surface habitable totale est de 160 m².

Façade nord-ouest. Un volume en porte-à-faux à l'étage abrite le seuil de l'entrée.

Un auvent protège partiellement la terrasse de la pièce située sur le toit.

Les vitrages d'angle permettent de capter les différentes lumières tout au long de la journée. Remarquez le conduit de cheminée qui s'élance vers le ciel.

“L'architecture, particulièrement l'habitat, doit réconcilier l'homme avec la nature. Dès que l'environnement le permet, la maison doit s'ouvrir largement sur l'extérieur. Par la richesse de ses volumes, le jeu de la lumière, des vues cadrées intérieures et extérieures, la maison doit être une source de plaisir permanent, un hymne à la vie.”

Philippe Brulé

Vues extérieures et intérieures de l'espace salon bibliothèque.

L'escalier, très graphique, est constitué d'une simple poutre métallique sur laquelle ont été soudées des équerres supportant les marches.

Vue du coin salon.

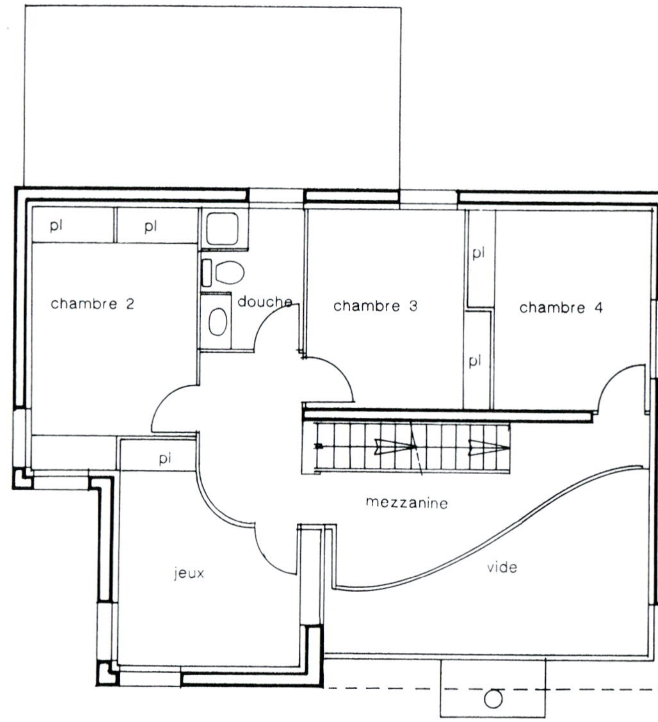

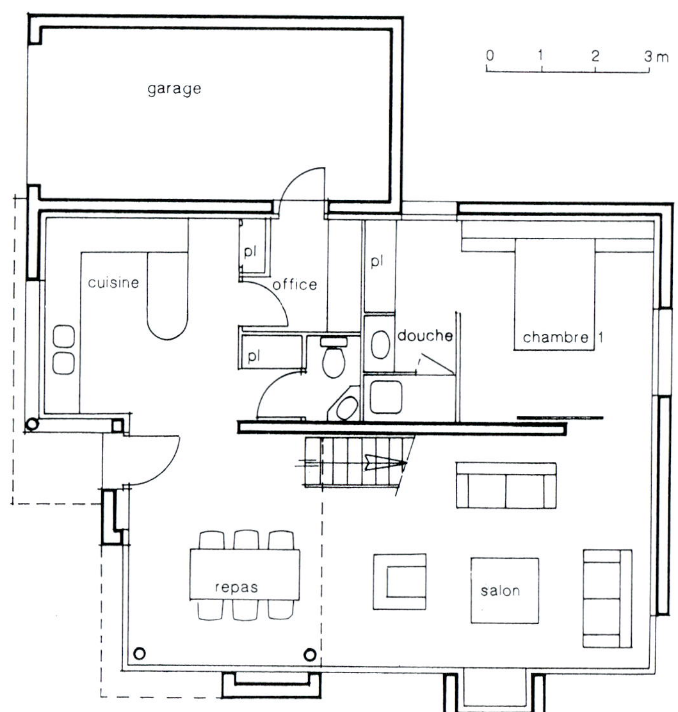

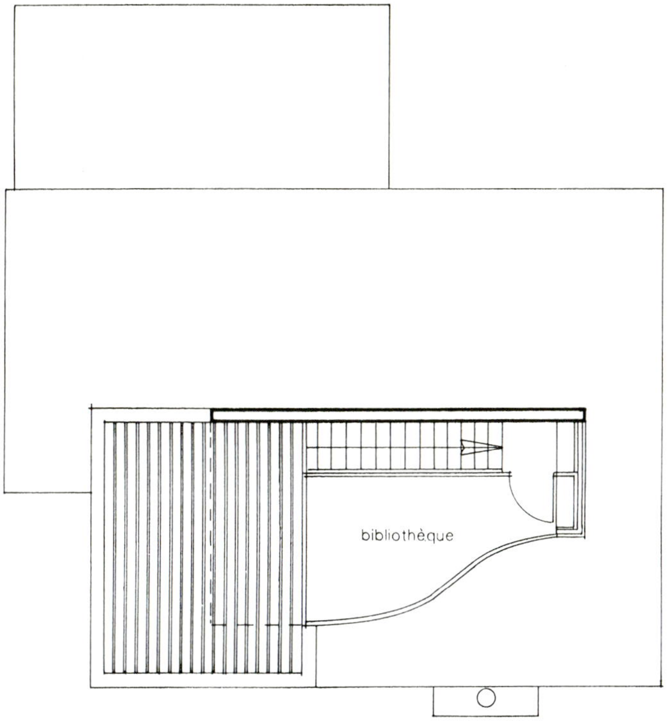

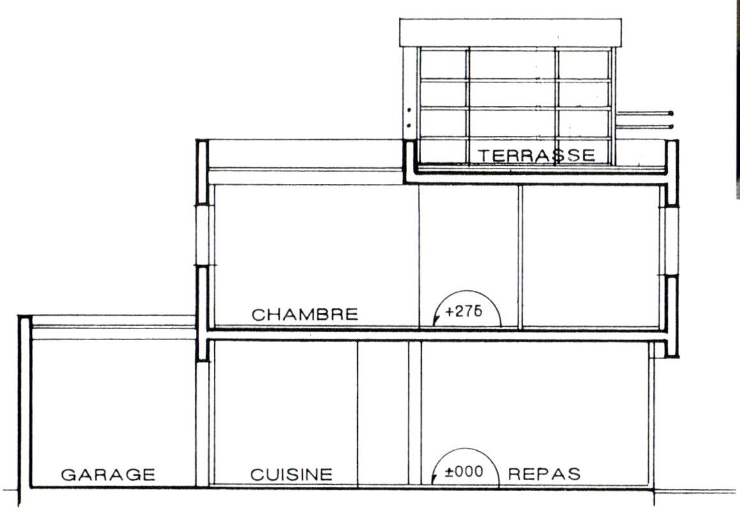

Notez l'élégante courbe de la mezzanine à l'étage.

Maison à Brasschaat

Xaveer De Geyter

1 9 9 2

En Belgique, à Brasschaat dans la banlieue de Anvers, la maison conçue par Xaveer De Geyter est dissimulée derrière un lambeau de dunes, rescapé de la frénésie urbanistique. Elle se présente sous la forme d'un grand volume carré se développant sur un seul niveau. La maison est pratiquement fermée sur trois côtés et ouverte entièrement sur la façade orientée côté jardin. Le creusement de trois patios fait pénétrer la lumière au cœur de la maison.

Une des grandes originalités de ce projet réside dans le rapport nouveau que la maison instaure avec l'automobile. La configuration du site a conduit Xaveer De Geyter à faire du toit terrasse l'accès principal à l'habitation et l'aire de stationnement naturelle de la voiture. Depuis la rue, une allée gravit la dune et débouche directement sur le toit. L'accès piéton s'effectue par l'intermédiaire d'une rampe en plan incliné partiellement à l'air libre. Le garage, constitué d'une boîte translucide, est placé de façon théâtrale sur le toit. L'architecte y a placé fort judicieusement un escalier et un monte-charge menant directement à la cuisine.

Les espaces intérieurs s'articulent autour du grand patio central, constituant véritablement l'âme de la maison. Des cloisons coulissantes permettent de moduler à souhait la relation de ce patio avec les pièces adjacentes (salle à manger, séjour, bureau et chambre principale).

La partie avant de la maison, abritant l'appartement des enfants, comporte également deux autres patios, l'un communiquant avec deux chambres, l'autre avec un petit studio autonome par rapport au reste de l'habitation. La surface habitable totale, hormis les patios, est de 390 m^2.

Page précédente en haut : façade sud sur jardin. En bas : gros plan sur le toit terrasse avec à droite le garage et à gauche l'accès piéton. Au premier plan, le patio principal.

Vue de la maison se déployant derrière la dune boisée. On aperçoit le chemin menant directement sur le toit.

Vue nocturne du toit terrasse.

Vue depuis le jardin sur le patio situé à l'angle de la maison.

La rampe d'accès depuis le toit conduit au patio central.

Patio principal avec le verger au fond de la parcelle.

« Pour construire cette maison, deux données essentielles ont été prises en compte : le programme du client et le site. Ce dernier est très important pour moi car il oriente naturellement la genèse du projet.
Afin de préserver une certaine intimité dans cette banlieue opulente d'Anvers, la dune, véritable écran naturel, masque la maison qui se déploie sur un seul niveau, immédiatement derrière en contrebas. Depuis la rue, seules émergent deux silhouettes : l'une carrée et translucide, qui se matérialise par le garage. L'autre, de forme triangulaire, abrite le volume de l'entrée. La route d'accès débouche ici directement sur le toit. »

Xaveer De Geyter

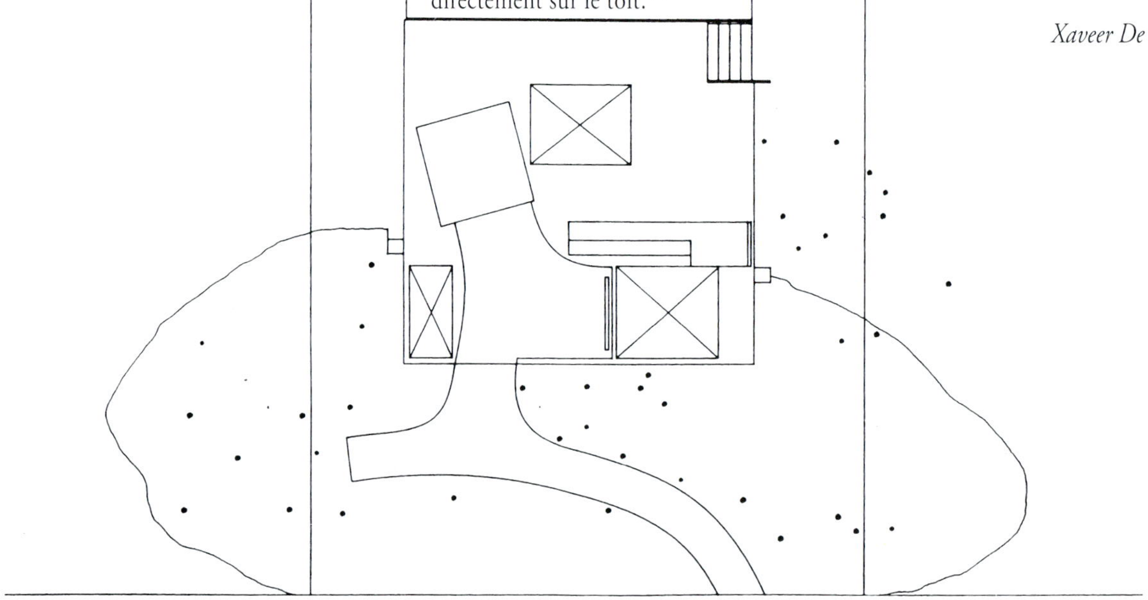

Articulation des différents espaces autour du patio. En haut à gauche, on aperçoit la boîte translucide du garage.

La cheminée en tôle d'acier possède deux foyers, l'un donnant à l'intérieur de la maison, l'autre s'ouvrant à l'extérieur sur le patio. Une vitre coulissante permet la communication entre les deux.

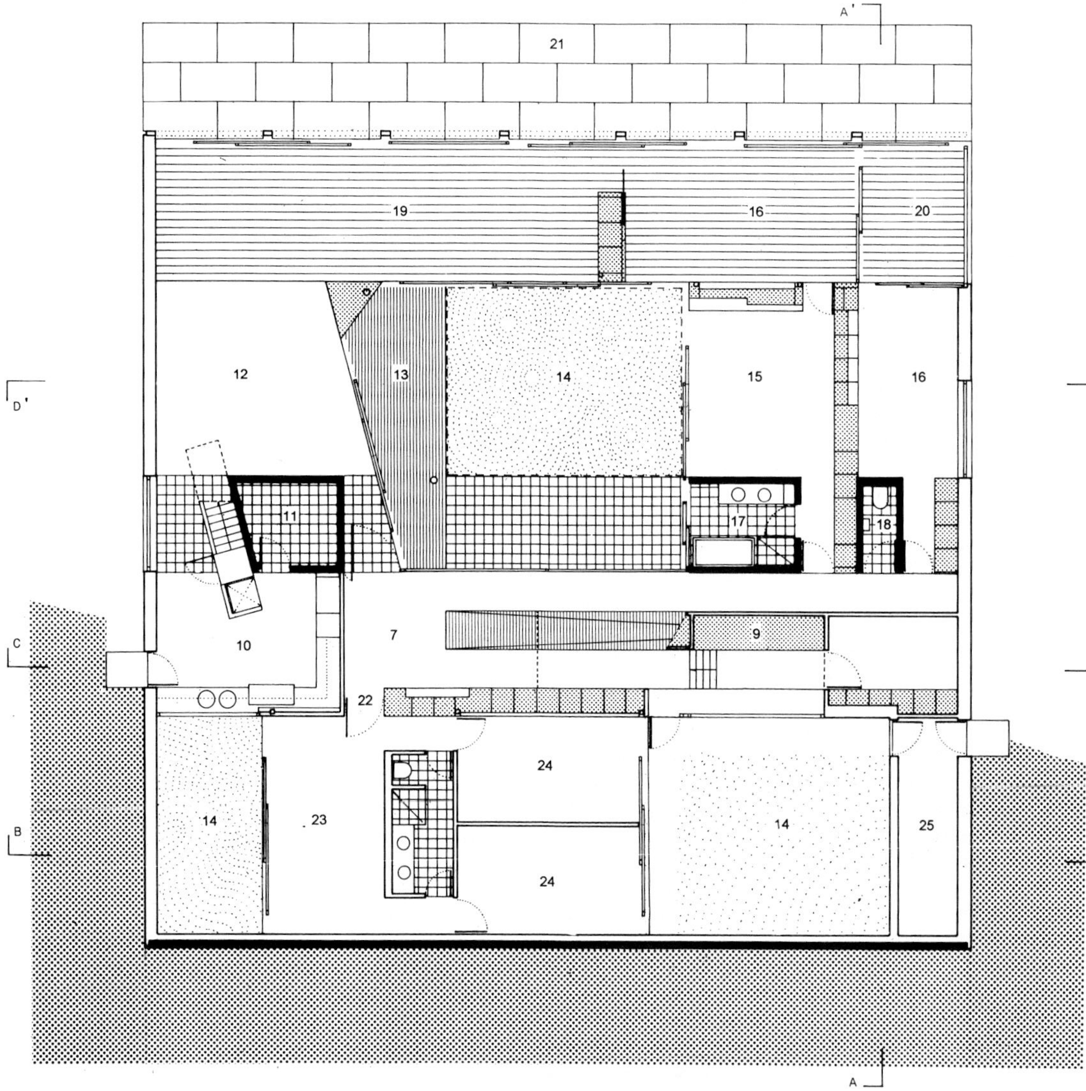
A'
21
19
16
20
12
13
14
15
16
D'
D
11
17
18
10
7
9
C
C'
22
24
14
23
14
25
B
B'
24
A

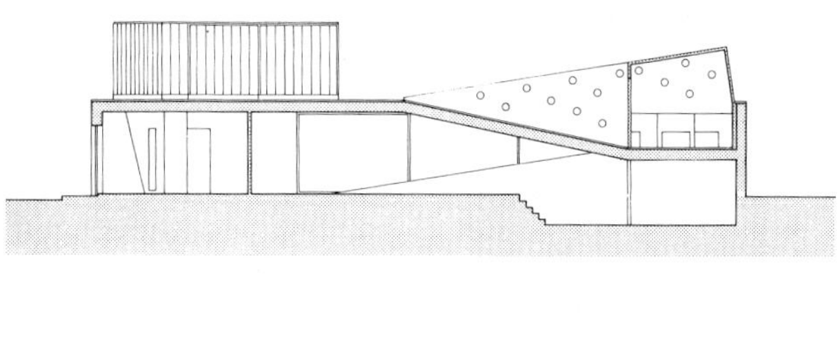

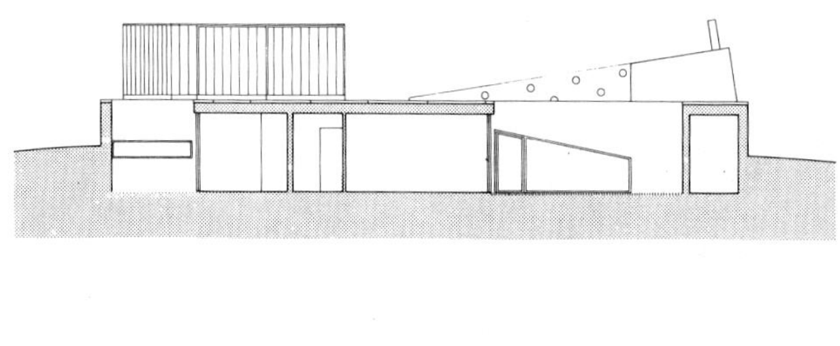

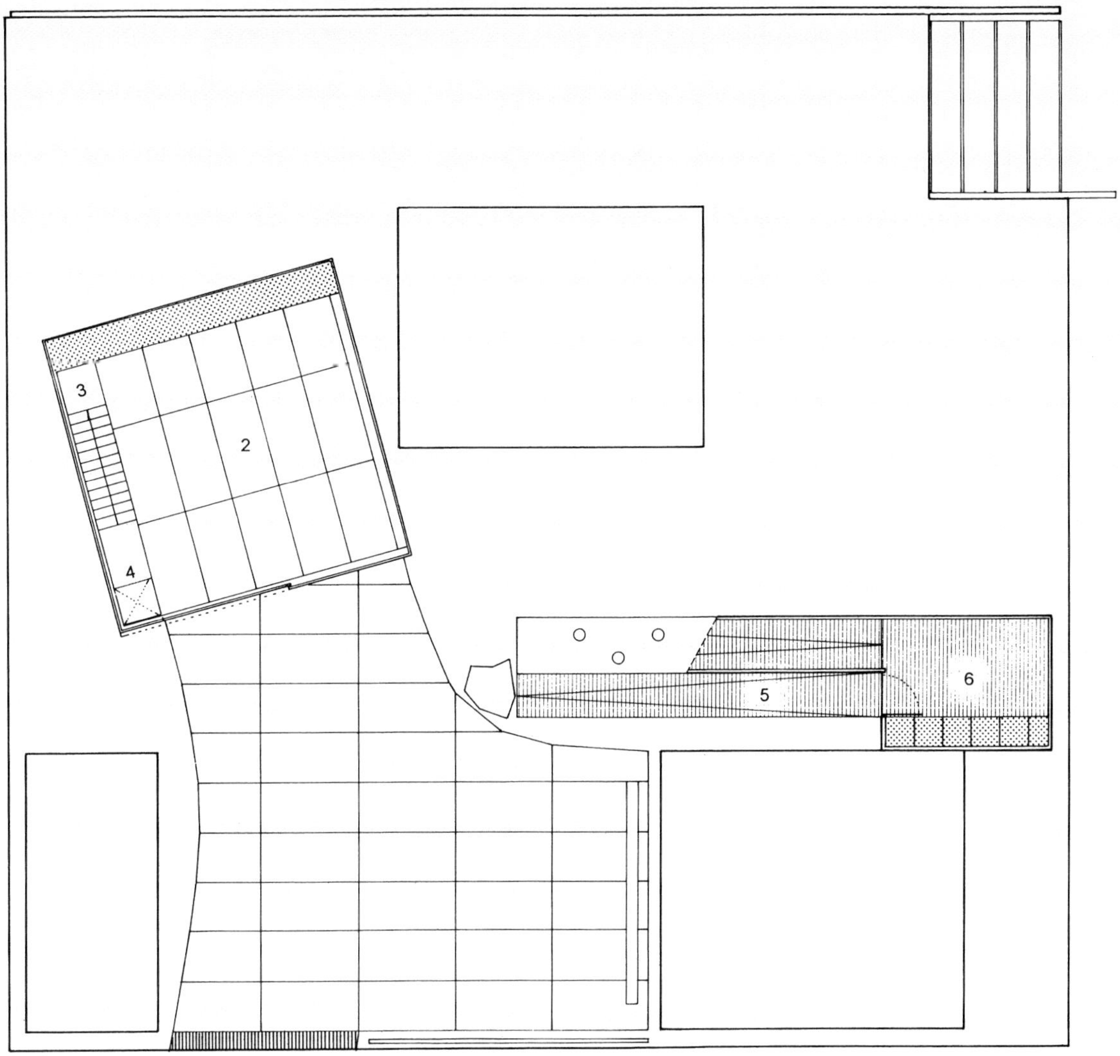
3
2
4
5
6

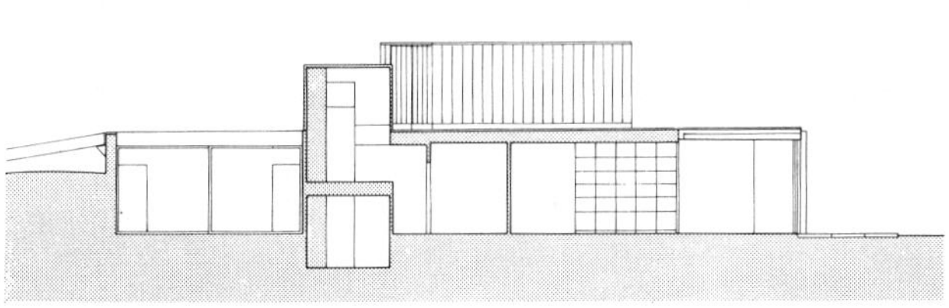

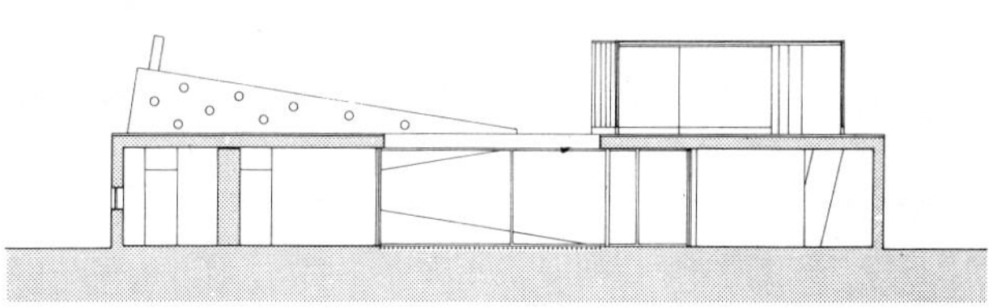

52

Maison dans le Val-d'Oise

E. Marin-Trottin - D. Trottin

1994

A Franconville dans le Val-d'Oise, la maison dessinée par les architectes Emmanuelle Marin-Trottin et David Trottin se singularise par une étonnante dualité de perception. Depuis la rue, une grande opacité caractérise la façade. En revanche, côté jardin, la maison est totalement ouverte avec les espaces intérieurs et extérieurs qui s'interpénètrent savamment.

Implantée sur une bande de terrain étroite et exiguë, dans un tissu pavillonnaire très dense et uniforme – toutes les parcelles ont une surface de 400 m² – la construction s'appuie contre le mur de clôture du terrain voisin afin de libérer l'espace maximal pour le jardin.

Construite en maçonnerie traditionnelle – parpaings et enduit – cette maison offre 190 m² de surface habitable, dont un sous-sol de 60 m² plus une terrasse de 24 m².

L'organisation spatiale se régule suivant deux bandes parallèles.

Une première, correspondant au corps principal de la maison, accueille au rez-de-chaussée l'entrée, un box abri de jardin, des toilettes, les circulations verticales et le séjour. L'étage abrite deux chambres desservies par un espace bibliothèque ainsi qu'une vaste salle de bains.

La seconde bande, déterminée par la partie arrière de la maison, se caractérise par sa fluidité et sa transparence. Chambre et cuisine trouvent naturellement leur prolongement dans la partie de jardin attenante. A l'étage, une terrasse, protégée par le mur mitoyen et partiellement close à ses deux extrémités par un écran vitré, prolonge l'espace de la bibliothèque.

Dans cette maison, les nombreux détails constructifs sont soigneusement dessinés pour mettre en valeur une volumétrie simple et généreuse, engendrant des espaces à vivre toujours en prise directe avec les différentes parties du jardin.

Plan de masse.

Une haute haie d'ifs isole le séjour en rez-de-jardin de la rue principale.

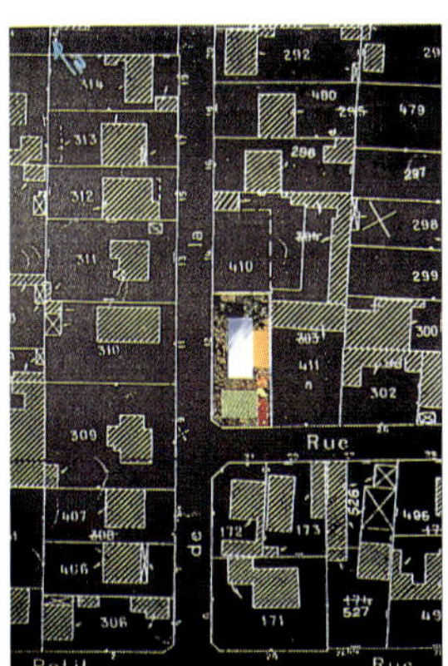

Un auvent vitré protège l'entrée de la maison. Sur la gauche, la porte de l'abri de jardin avec la serrure habilement dissimulée sur le chant du panneau de bois.

Détail de l'écran vitré, placé un peu en avant du garde-corps. Notez l'intégration du coffret des volets roulants entre le garde-corps et l'extrémité supérieure de la baie vitrée.

“Sobre et austère, la maison a poussé dans un quartier pavillonnaire de banlieue. Elle y interroge le passant spectateur sur l'image de la maison. Son intériorité en totale relation avec le jardin la rend perméable et fluide. Elle pose la question des limites de la maison et de la perception de nos propres limites.”

Emmanuelle Marin-Trottin et David Trottin

La terrasse avec ses deux écrans vitrés devient une véritable pièce à ciel ouvert.

Les volets articulés en deux parties à l'étage supérieur sont en panneaux de maobi (bois exotique).

Les deux façades latérales avec à l'arrière, d'un côté la chambre, de l'autre la cuisine.

Vue de la cuisine. Le traitement continu du sol sans matérialisation du seuil repousse la limite entre l'intérieur et l'extérieur.

Ci-dessus, à droite : vue de la salle de bains à l'étage.

Ci-contre : fluidité du séjour, partiellement séparé du volume de l'entrée par le bloc cheminée. Une porte coulissante en bois permet d'isoler la partie arrière de la maison. Le sol est en carreaux de terre cuite de type Malon Romain.

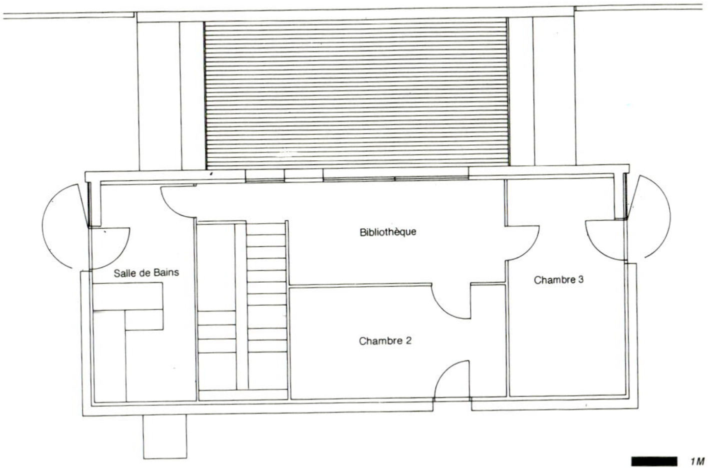

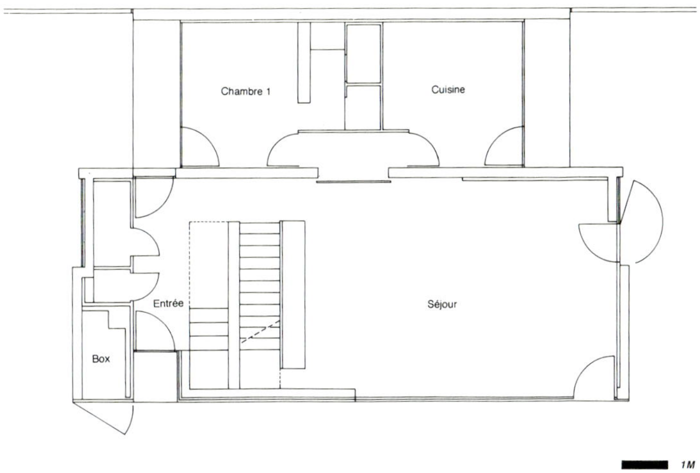

Fauteuil végétal vivant réalisé par les architectes à partir de plants de saules tressés.

Détail du dessin de l'escalier.

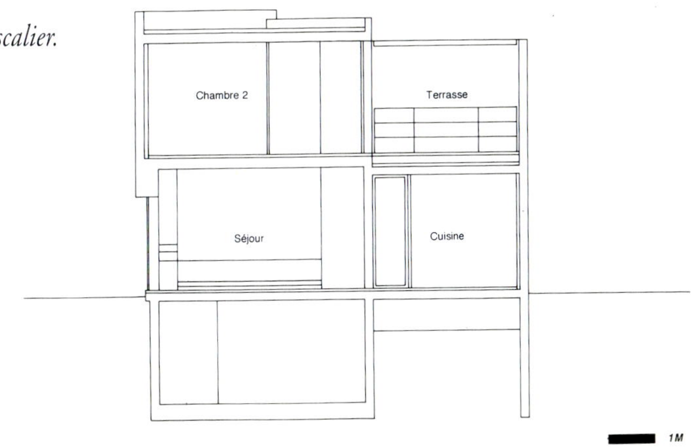

Maison dans le Cantal

Carlos Ott

1993

Dominant majestueusement la vallée de la Truyère dans le Cantal, cette maison est l'œuvre de Carlos Ott. Elle a été réalisée avec la collaboration de Gérard Teil pour l'exécution et de Martine Vidalenc pour l'architecture intérieure. Le jeu savant des lignes obliques, récurrentes dans toute la construction et les murs pignons de forme triangulaire ancrent fortement l'habitation dans le site. Campée tel un roc à l'extrémité d'un massif verdoyant à forte déclivité, la maison s'ouvre totalement sur le jardin grâce à la multiplicité de larges baies vitrées. Située à 1 000 mètres d'altitude, des vues grandioses s'offrent ainsi au regard.

L'utilisation de matériaux bruts – voiles en béton banché tramés à 1,60 m, pierres volcaniques du pays en habillage des pignons, ardoises de schiste pour la couverture, structure métallique forte – crée une impression de pérennité en parfaite harmonie avec la campagne auvergnate.

Deux coursives de distribution situées à mi-niveau se croisent à angle droit au cœur de la maison et dégagent des vues infinies sur la paysage.

Les espaces intérieurs se répartissent dans deux corps principaux abritant respectivement les activités diurnes et nocturnes. La partie jour accueille au rez-de-jardin : salon, séjour, cuisine, cellier, salle d'eau et sauna. A l'étage, deux salons s'ouvrent de part et d'autre du vide donnant sur la cuisine et le séjour. Un de ces salons est placé en mezzanine par rapport à celui du rez-de-jardin. Cet étage abrite également une chambre et une salle de bains.

Dans la partie nuit se déploient au niveau inférieur trois chambres, deux salles de bains et des toilettes. A l'étage se situent trois autres chambres doublées chacune d'une mezzanine, deux salles de bains et des toilettes. La surface habitable totale est de 800 m^2.

Une écriture architecturale fort singulière et une volumétrie hors du commun confèrent à cette maison un caractère d'exception.

La vision nocturne montre bien la succession des voiles de béton, éclairés individuellement par un spot.

Vue arrière de la maison avec l'accès menant au sous-sol.

“La construction de la maison a été déterminée par deux éléments : sa situation dans le paysage et les caractéristiques de l'habitat en Auvergne.
En contraste avec une architecture résolument moderne de par sa volumétrie, les matériaux sont, quant à eux, typiques de la région : pierre volcanique sur les murs et pierres sédimentaires sur les toits (les lauzes). Tout simplement, cette construction essaie de créer une unité symbiotique avec le lieu grâce à ses formes modernes déclinées directement de l'architecture traditionnelle du Cantal.”

Carlos Ott

L'entrée avec la coursive située à un demi-niveau plus haut que la partie d'habitation se développant en rez-de-jardin. Remarquez à droite les ouvertures vitrées éclairant la chambre à l'étage, dont le dessin évoque des meurtrières.

Partie de la maison abritant les chambres.

Un immense volume de verre assure la jonction entre les deux corps principaux.

Le pan de mur en avancée et les poutrelles métalliques prolongeant la charpente à l'extérieur contribuent à accentuer l'ancrage de la maison dans le site.

Vue du salon se développant en arc de cercle.

Vue du corps principal de la maison s'ouvrant sur une vaste terrasse. Les murs pignons dans le prolongement de la toiture protègent efficacement la terrasse des vents.

Notez la minutie avec laquelle l'architecte a intégré la piscine dans la composition architecturale globale.

Vue de la coursive depuis l'entrée. Le béton, laissé brut de décoffrage, a été simplement verni.

Vue du séjour. Des placards trouvent naturellement leur place entre les voiles de béton. En arrière-plan à mi-hauteur se situe l'espace de circulation.

La chambre à l'extrémité de la maison dispose, de même que celle située juste au-dessus, d'une cheminée privative.

Salon au rez-de-jardin. Notez le parquet en érable du Canada dont la pose reprend la trame structurelle de la maison.

Depuis le salon de l'étage, on jouit de vues exceptionnelles sur la vallée de la Truyère.

Vue du salon de l'étage avec son immense cheminée et la charpente métallique laissée apparente.

En haut à droite : vue en contre-plongée sur le séjour depuis le salon de l'étage. Admirez le superbe lustre de Murano. Table et chaises (éditeur Cassina) sont des créations de l'architecte et décorateur anglais Charles Rennie Mackintosh (1868-1928). Les tabourets devant le comptoir de la cuisine ont été dessinés par Philippe Starck.

Gros plan sur la charpente métallique du salon.

En haut à droite : détail de la toiture en lauzes, pierres plates traditionnellement employées en couverture dans la région.
Ci-dessus : cheminée en tôle d'acier.

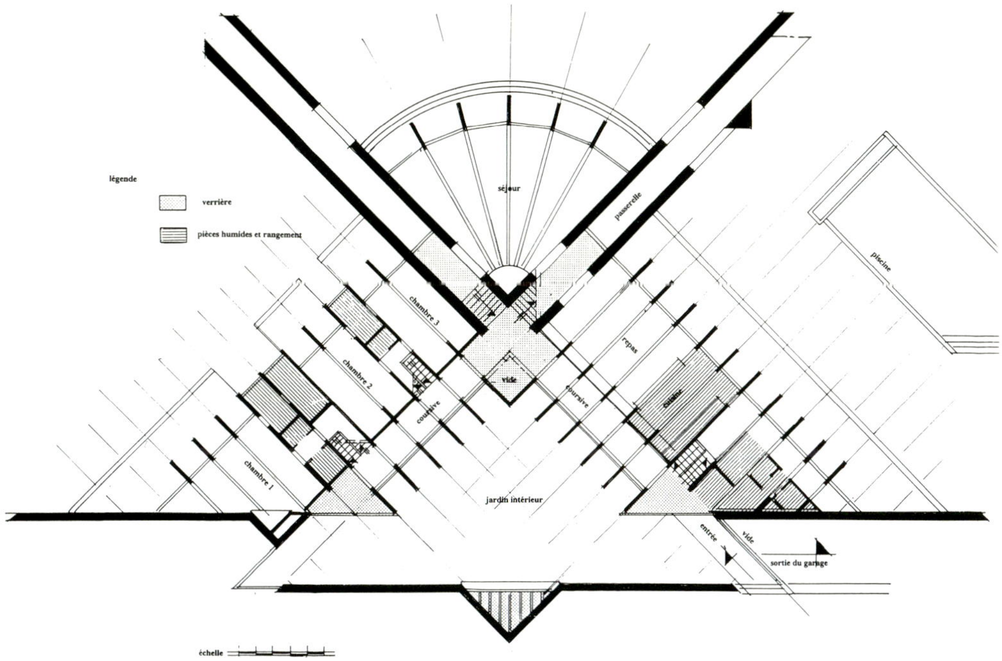
légende
verrière
pièces humides et rangement
séjour
passerelle
piscine
chambre 3
chambre 2
chambre 1
coursive
vide
coursive
repas
cuisine
jardin intérieur
entrée
vide
sortie du garage
échelle

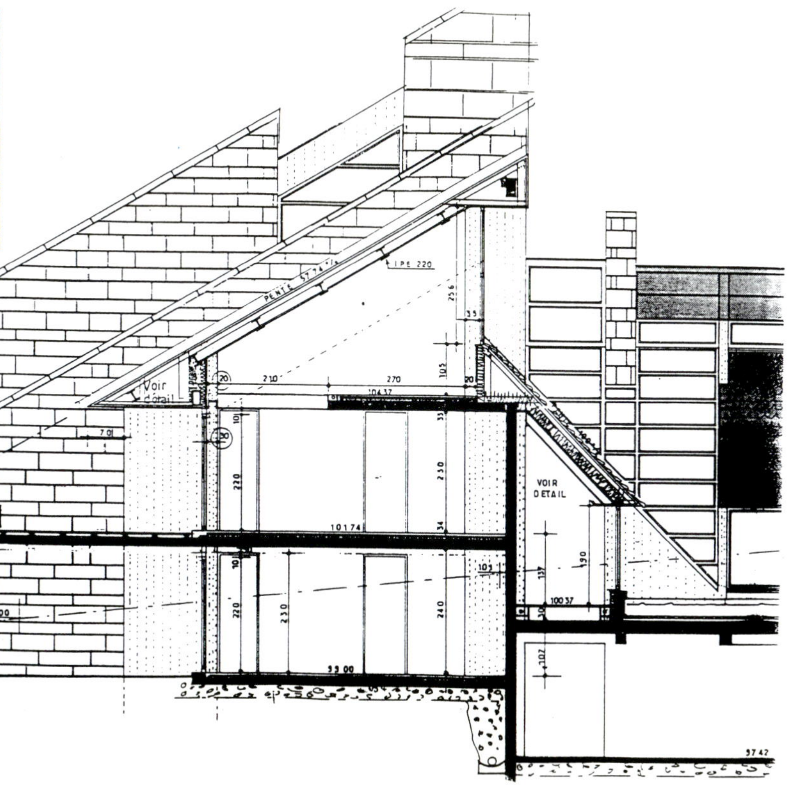
IPE 220
PENTE
Voir détail
VOIR DÉTAIL
NIVEAU TN

Maison à Rognes

Jean-Michel Wilmotte

1 9 9 2

S'étirant sur une restanque – terrasse soutenue par un muret – à Rognes près d'Aix-en-Provence, cette maison dessinée par Jean-Michel Wilmotte constitue un bel exemple d'architecture en osmose avec le paysage provençal. Espaces intérieurs et extérieurs alternent imperceptiblement grâce au concours de terrasses couvertes et de murs tendus entre le dedans et le dehors. Construite en béton, la villa se pare d'un superbe enduit gratté couleur sable accrochant merveilleusement la lumière du midi.

Les espaces d'habitation s'articulent de part et d'autre d'un immense couloir central, séparant les activités diurnes et nocturnes. D'un côté de cette véritable rue intérieure se succèdent quatre chambres indépendantes avec leur salle de bains privative puis la chambre des maîtres de maison. De l'autre côté, cuisine, salle à manger et séjour s'ouvrent sur les terrasses. Parallèlement au mur écran, qui prolonge l'entrée principale, se déploie la piscine, ceinte d'un caillebotis de teck. Ce mur percé de six ouvertures verticales offre des échappées visuelles sur la pinède avoisinante. Dans cette maison offrant 300 m^2 de surface habitable plus les terrasses, l'architecte Jean-Michel Wilmotte a apporté un soin particulier à l'aménagement du jardin afin que la maison se fonde littéralement dans le site. A l'extérieur, les espaces laissés libres par les pans de murs parallèles accueillent une abondante végétation, assurant ainsi une liaison naturelle avec le jardin. Le mariage entre minéral et végétal s'opère ici en totale harmonie.

Un mur écran isole la piscine du chemin d'accès à la maison.

“Dessiner une maison c'est d'abord écouter les gens avec une très grande attention pour connaître leur mode de vie, le nombre d'enfants, leurs désirs... L'intégration au site, le rapport au végétal et surtout l'orientation sont pour moi des données essentielles. En effet, le soleil doit se lever dans les chambres et les salles de bains et se coucher dans les pièces de séjour. Aussi la partie nuit sera orientée nord-est et la partie jour sud-ouest. Puis on sélectionne l'environnement à partir des ouvertures en cadrant l'espace extérieur avec mesure. Une maison est avant tout une carapace, une coquille et non un aquarium. J'ai conçu cette maison pour qu'elle se fonde au fil des ans dans la nature et qu'elle soit envahie par le végétal.”

Jean-Michel Wilmotte

Chenets "Firedog" dessinés par Jean-Michel Wilmotte.

Vue de l'entrée dans l'axe principal de la maison.

Détail du mur écran avec ses percements verticaux.

De vastes terrasses, ombragées par des brise-soleil en bois prenant appui sur les portiques de béton, prolongent les espaces intérieurs.

Vue de la rue intérieure. A droite, l'enfilade des chambres, desservie chacune par une petite volée de marches. Un arbre ponctue l'axe de ce vaste couloir.

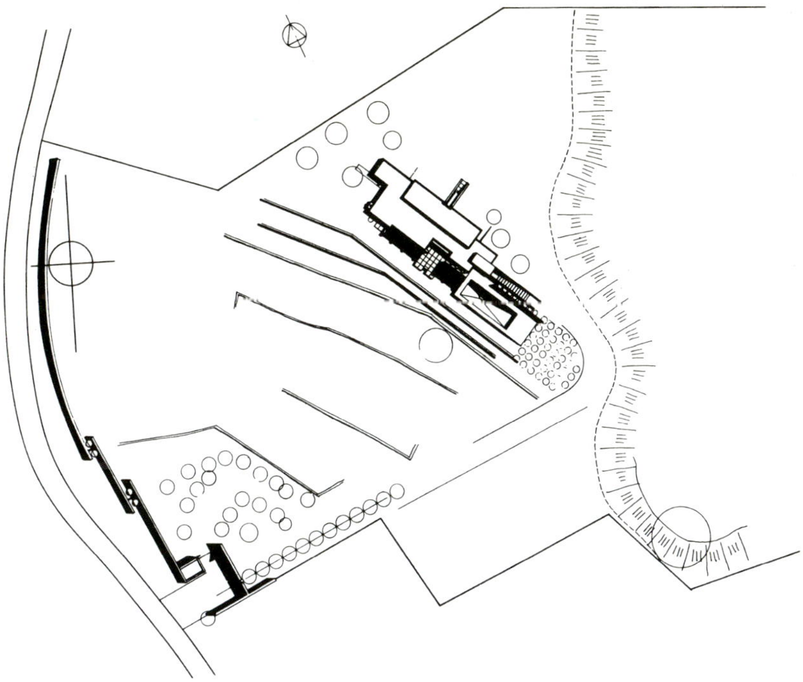

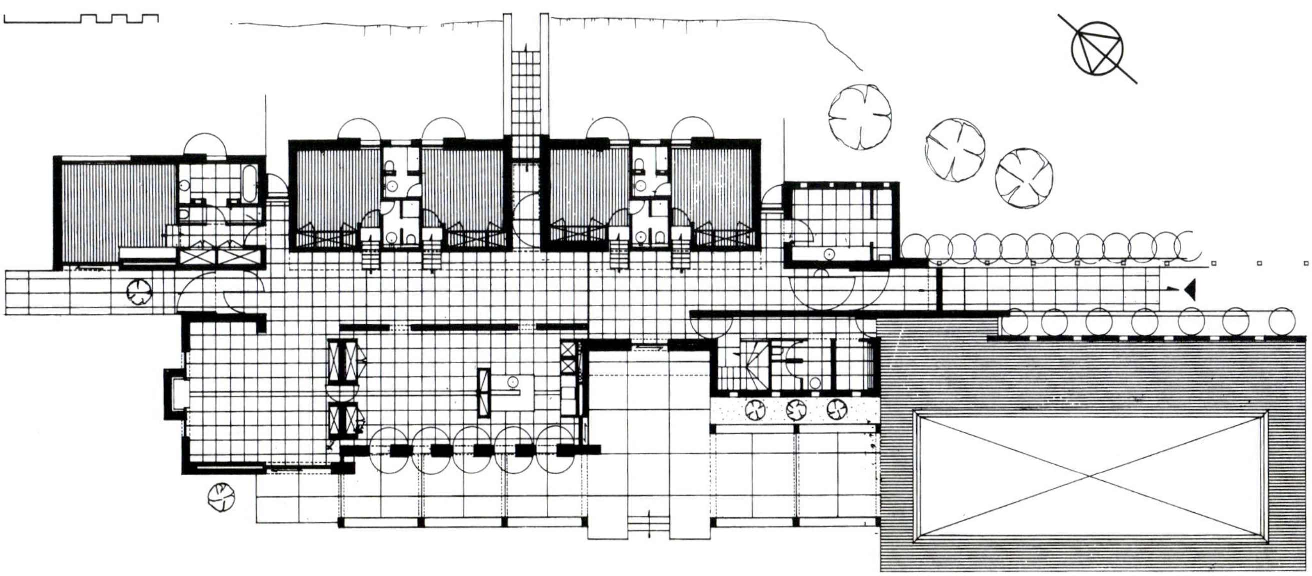

Maison Blot

Agence A.C.A.U.

1996

Conçue par Christophe Bidaud de l'agence A.C.A.U. (C. Bidaud, B. Carré, D. Dubillot, H. Rattez), la maison Blot est située à Vaux-sur-Seine à une quarantaine de kilomètres à l'ouest de Paris. Construite sur une parcelle de terrain enclavée, bordée au nord et en hauteur par la rue de Cherbourg, la maison jouit au sud d'une magnifique vue et d'un accès à un bras de la Seine.

Les propriétaires, appréciant beaucoup les réalisations antérieures des architectes, souhaitaient une maison chaleurcuse, spacieuse et riche sur le plan plastique. De surcroît, le laps de temps imparti à la construction devait être le plus court possible et le budget contenu dans une enveloppe bien précise. Le choix d'une maison à ossature bois (M.O.B.) a permis de répondre pleinement à leur demande. Le chantier, finitions comprises, s'est étalé sur sept mois. La structure principale est en sapin.

Au nord, une façade très opaque protège la maison des voisinages et du bruit de la route. Au sud, la maison s'ouvre sur le jardin grâce à de larges surfaces vitrées. Le décrochement de la façade, le portique parachevant le pignon est ainsi que l'emploi de différentes essences de bois créent une dynamique architecturale et confèrent à la maison une grande légèreté.

Les pièces à vivre se répartissent sur deux niveaux, la partie jour au rez-de-jardin et la partie nuit à l'étage. Ces deux fonctions sont clairement exprimées, en façade, par le jeu des matériaux et des volumes. Ainsi au rez-de-jardin se situent la cuisine, le cellier, le séjour, des toilettes et le hall d'entrée. Une vaste terrasse, se terminant par une volée de marches, prolonge le séjour à l'extérieur et assure la liaison avec le jardin.

L'étage accueille trois chambres, une salle d'eau, une salle de bains et des toilettes.

A ces deux niveaux horizontaux répond un volume vertical, vitré sur toute sa hauteur (voir axonométrie). Ce dernier accueille des espaces de travail – bureaux et bibliothèque – sur trois paliers différents. Ce volume est coiffé à son sommet par un élégant auvent débordant largement en porte-à-faux. La surface habitable est de 160 m² à laquelle s'ajoutent les 40 m² de la terrasse extérieure prolongeant le séjour.

Axonométrie.

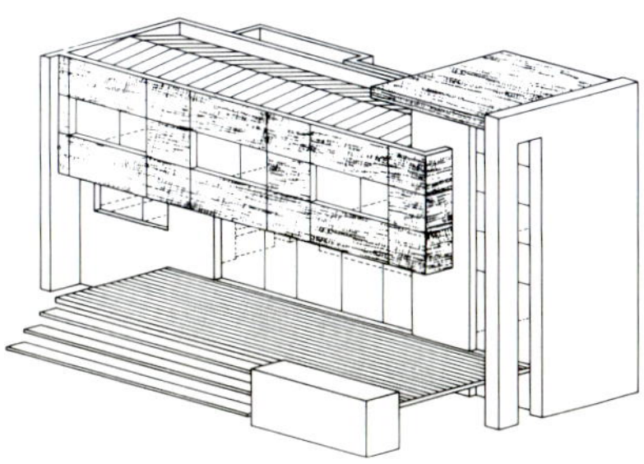

Vue de l'arrière de la maison avec son bardage en pin.

Vue générale de la maison. Le premier niveau d'habitation est surélevé par rapport au jardin pour parer aux éventuelles crues de la Seine.

“Langue alluvionnaire au pied d’un coteau arboré, le terrain est bordé au sud par la Seine.
Au nord, tel un paravent gigantesque déroulé autour du socle de la maison, une peau de bois protège la famille des bruits et regards de la ville. Au sud, l’ossature bois a rendu possible le jeu alterné des panneaux d’okoumé rouge, des lames de pin finement striées, des clins sapin et iroko, concourant à organiser les ambiances subtiles de la vie privée face à l’intimité du jardin.”

Christophe Bidaud

Ci-dessus et ci-dessous : vues des différentes phases de montage de la structure.

Coin-salon. Des meubles de rangement réalisés en médium encadrent la cheminée. A gauche, on aperçoit la porte coulissante permettant l'accès au bureau.

La chambre des parents à l'étage avec ses placards de rangement et ses éléments de bibliothèque intégrés.

La cuisine, avec ses meubles en médium, a été dessinée par les architectes. Notez le plan de travail réalisé en « bois debout », relecture des billots traditionnels de boucher.

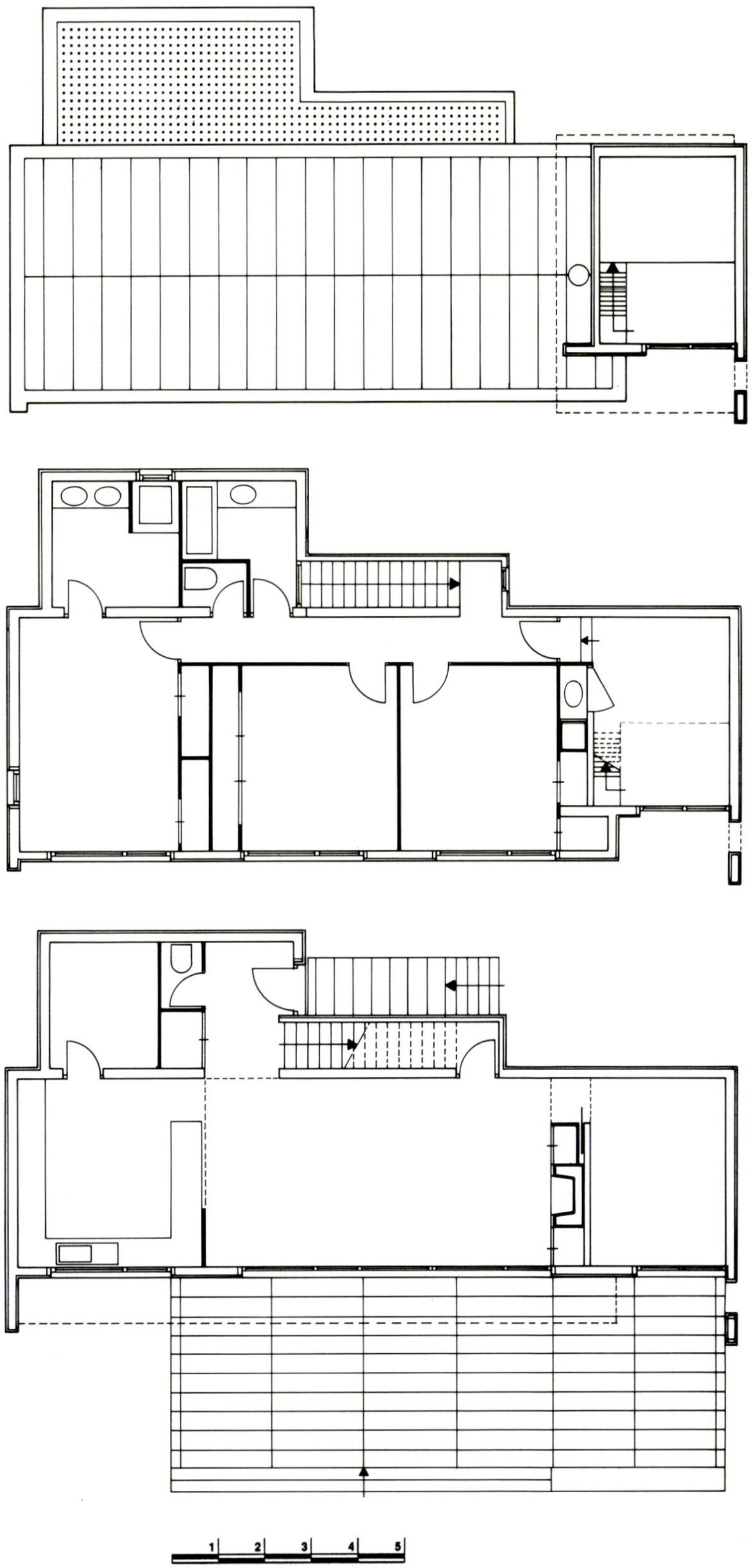
1
2
3
4
5

a

b

c

d

a : pin (terrasse)
b : châtaignier (parquet)
c : triply (mur)
d : okoumé (extérieur)
e : sapelli (cuisine : plan de travail)
f : pin et iroko (extérieur)
g : médium (mobilier)

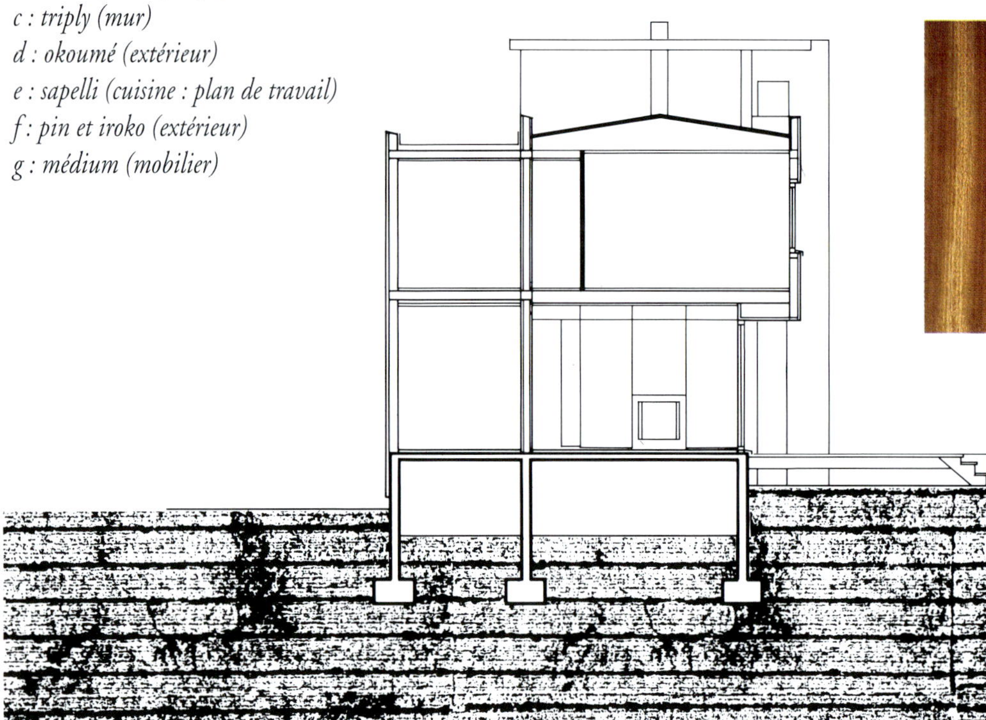

e

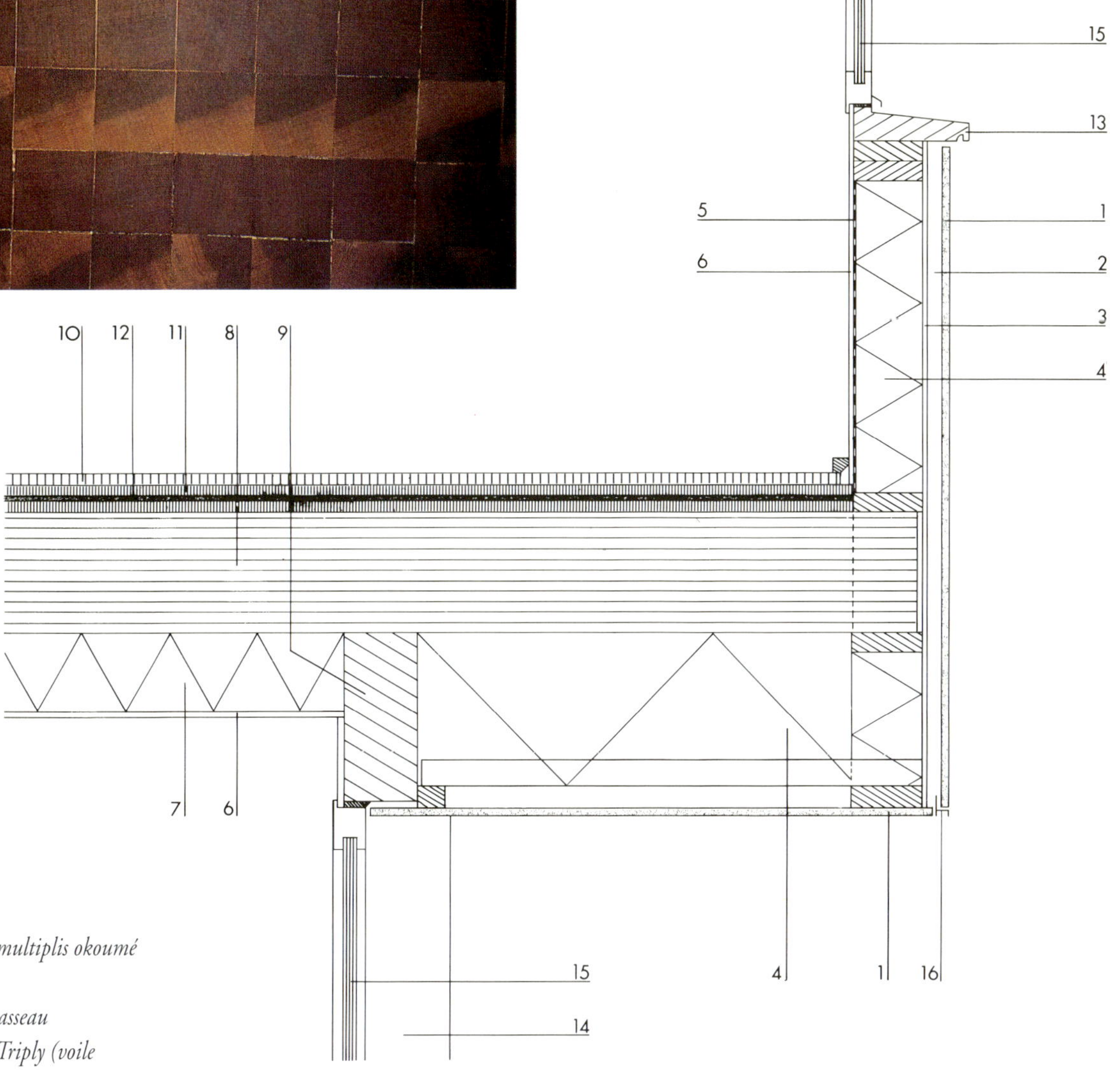

1 : panneaux en multiplis okoumé vernis
2 : pare pluie et tasseau
3 : panneaux en Triply (voile travaillant)
4 : isolation thermique
5 : pare vapeur
6 : Placoplâtre vissé
7 : isolation acoustique
8 : solives plancher
9 : poutre lamellée collée
10 : parquet châtaignier collé sur chant
11 : panneaux aggloméré
12 : feutre résiliant
13 : appui iroko
14 : ébrasement iroko
15 : menuiserie alu laque
16 : profil PVC faisant goutte d'eau

f

g

Maison aux Abatilles

Laurent Duplantier

1992

Réminiscence des cabanes de l'enfance, cette maison, construite sur une dune boisée aux Abatilles à Arcachon, est née de l'imagination de l'architecte Laurent Duplantier. D'emblée, on est frappé par la parfaite intégration de la maison dans le site au milieu des arbousiers, des chênes verts et des pins. Un mimétisme s'opère entre la construction et la végétation environnante. Décollée du sol par un jeu de pilotis en béton, la maison semble flotter au milieu des branchages. Comme Côme du Rondeau, le *Baron Perché* d'Italo Calvino, on est littéralement dans les arbres lorsqu'on évolue sur le vaste pont en iroko ceinturant le séjour (voir plan du rez-de-chaussée). S'ouvrant sur trois côtés par de larges baies coulissantes, ce séjour est en communion totale avec la nature.

Une ossature principale en bois supporte un bardage extérieur en cèdre rouge du canada, prenant une jolie coloration grisâtre avec le temps. Les piliers intermédiaires sont en acier galvanisé. Tout l'intérieur de la maison est réalisé en pin des Landes, excepté le parquet qui est en pin d'Orégon, d'une teinte beaucoup plus rouge. En plus d'un vaste séjour, le rez-de-chaussée accueille le hall d'entrée, deux chambres, une salle d'eau ainsi que des toilettes. Un escalier hélicoïdal permet de gagner la chambre de l'étage se dressant tel un poste de vigie sur le toit. Cette chambre avec sa salle de bains privative, éclairée par quatre hublots, s'ouvre sur une terrasse située à l'aplomb du séjour. La surface habitable est de 155 m² à laquelle s'ajoutent les 115 m² du pont-terrasse.

Façade ouest

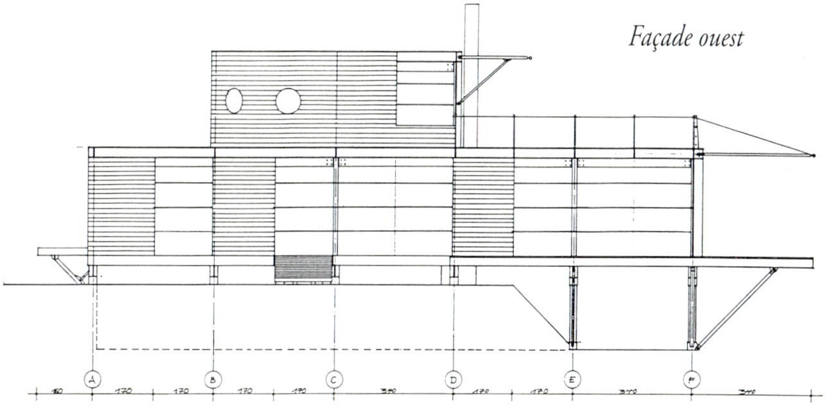

Vue du pont-terrasse ceinturant le séjour. En partie haute, une structure en tubes d'acier permet la pose éventuelle d'un vélum. Ces tubes assurent également un lien visuel avec les branches des arbres affleurant la maison.

« Le choix du bois pour la construction de cette maison répondait à des contraintes précises. D'une part, il s'agissait de construire sur une dune ce qui rendait difficile l'emploi d'un matériau trop lourd. D'autre part, la maison est construite au milieu des arbres ; aussi, je voulais éviter de faire intervenir des engins qui auraient endommagé l'environnement. A cet égard, le bois constituait une solution intéressante, puisqu'il allège et simplifie considérablement les chantiers.
Ceci dit, le choix du bois est avant tout un choix personnel. Il faut le choisir parce qu'on l'aime. C'est un matériau sensuel. Le bois vit, évolue, travaille : c'est ce qui fait son charme. Pour l'apprécier, il faut en accepter les petites imperfections.
Le charme d'une maison en bois réside dans le fait qu'elle dévoile tout ce que les autres maisons dissimulent derrière leur plâtre, leur enduit ou leurs faux plafonds. Les moindres détails doivent donc être pensés, dès leur conception. »

Laurent Duplantier

En haut : l'ouverture totale des baies crée une fusion entre architecture et nature. Les garde-corps de la terrasse sont en câbles d'acier inox.

Ci-dessus : en partie arrière, le bloc cheminée accueille une table de cuisson. A gauche de ce bloc, se trouve la cuisine fermée par une porte coulissante.

Des jambes de force métalliques viennent étayer la terrasse en bois autorisant ainsi un porte-à-faux important.

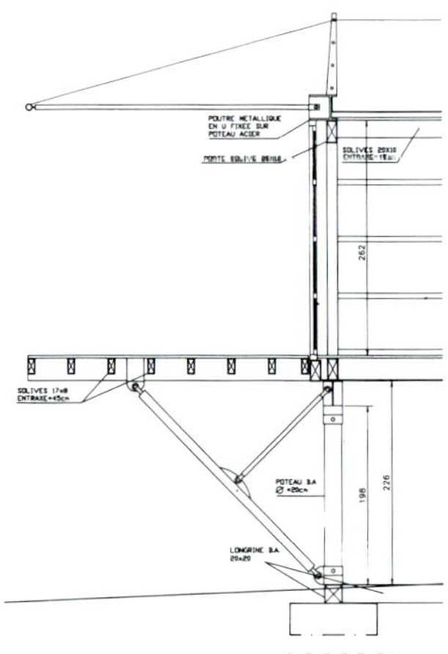

Vue de la salle de bains avec la douche séparée. Un revêtement en contreplaqué de pin identique à celui du mur intérieur viendra habiller par la suite la baignoire ainsi que le support de vasque.

La chambre de l'étage se prolonge par une grande terrasse de 50 m².
Au premier plan, l'arrivée de l'escalier.

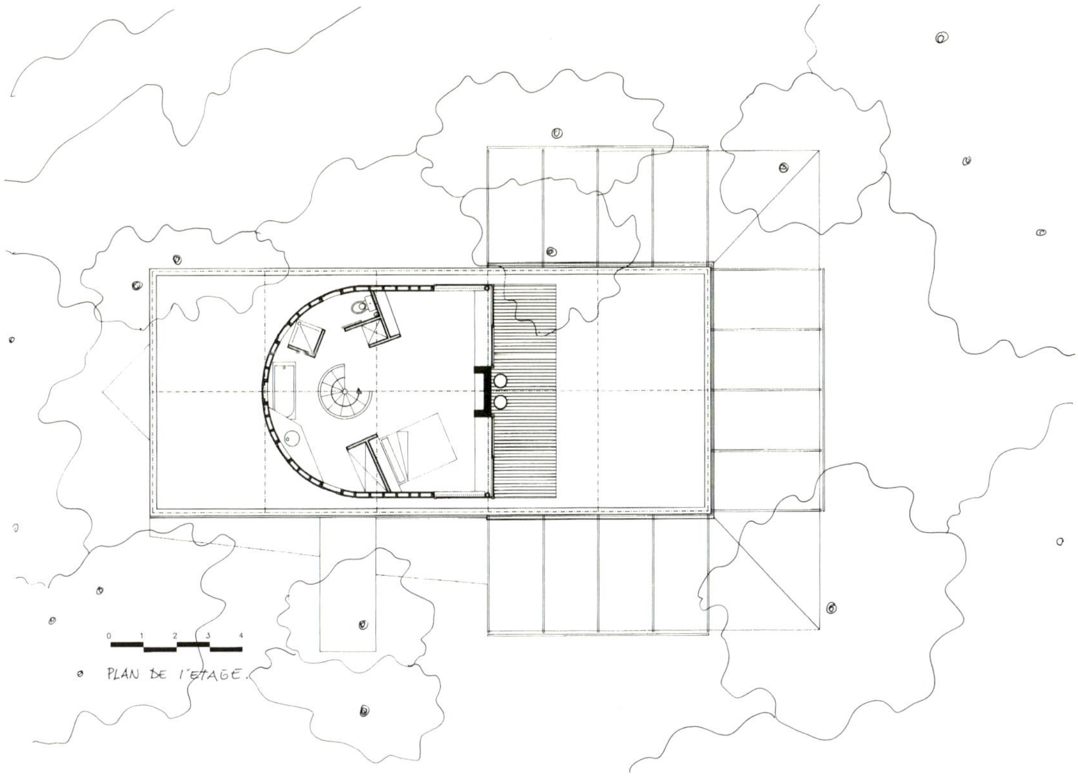
0 1 2 3 4
PLAN DE l'ETAGE.

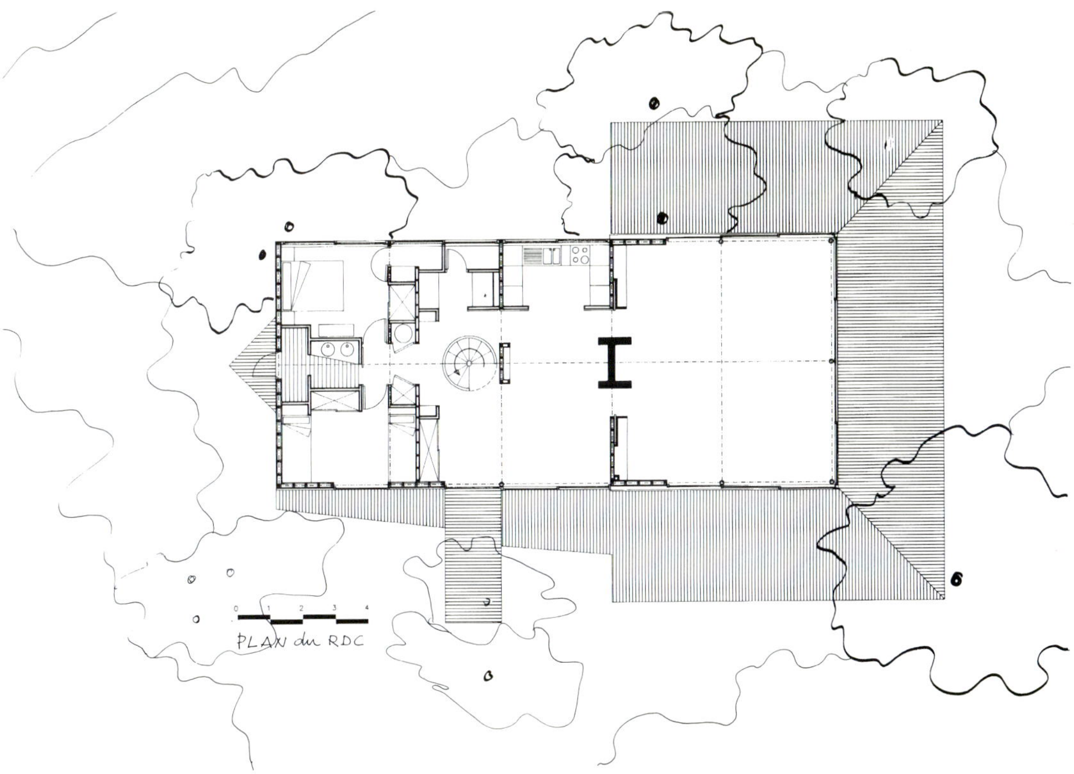
0 1 2 3 4
PLAN du RDC

Maison au Cap-Ferret

Laurent Duplantier

1992

Lieu de villégiature pour beaucoup de Bordelais, le Cap-Ferret, à l'extrémité du bassin d'Arcachon, abrite bon nombre de résidences de vacances. Ici, sur une petite bande de terrain effilée, l'architecte Laurent Duplantier a glissé entre les pins une composition architecturale qui s'articule autour d'une piscine et d'une vaste terrasse en caillebotis de bois. Le parti architectural a été déterminé par le souci d'ouvrir au maximum la perspective sur cette parcelle de terrain se terminant en pointe et de créer une intimité sur le jardin. Pour cela, l'architecte a imaginé une habitation de forme triangulaire dont l'axe principal diverge par rapport à l'axe du jardin (voir plan de masse). Construite en pin des Landes et revêtue d'un bardage en cèdre rouge du Canada, la maison se compose de trois volumes distincts. Au rez-de-jardin, les deux premiers sont reliés entre eux par le volume de l'entrée et dissocient clairement les activités diurnes et nocturnes.

Orienté vers la piscine, le premier volume, ouvert sur deux côtés, accueille cuisine et séjour. Ce corps de l'habitation se prolonge à l'extérieur dans l'axe principal par une structure en acier-inox, permettant de déployer un vélum. Outre son côté fonctionnel, cette structure, semblable à la proue d'un navire, contribue à ouvrir la perspective sur le jardin et à prolonger le séjour.

Le second volume, situé à l'arrière, abrite trois chambres, une salle de bains et une salle d'eau.

A l'étage, une chambre en belvédère donne sur le toit-terrasse.

Un peu à l'écart, un quatrième volume contenant le garage se raccorde à l'ensemble par l'intermédiaire d'un pan de mur en bois et vient encadrer la terrasse extérieure de manière à la couper de la rue. La surface habitable est de 200 m^2, à laquelle s'ajoutent les terrasses extérieures en mélèze et iroko d'une surface de 315 m^2.

Vue, depuis le séjour, sur l'extrémité en pointe de la terrasse.

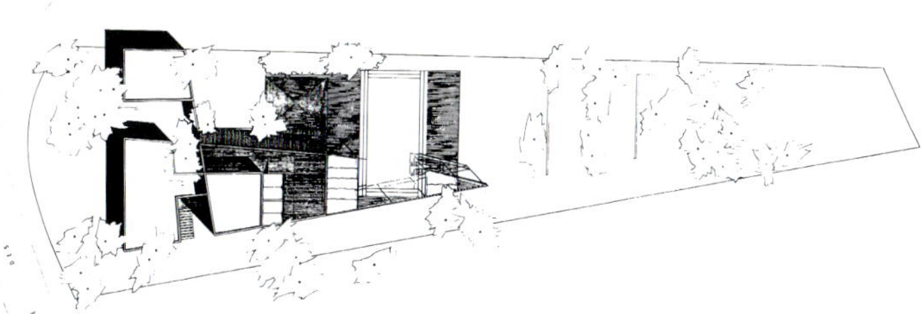

Plan de masse.

L'emploi du bois et l'articulation des différents volumes de la maison autour des pins existants contribuent à fondre l'habitation dans le paysage.

Le volume de l'entrée met en communication les deux corps principaux de la maison (voir plan). Le totem, à droite, est une création de l'artiste bordelais Jofo.

"La contrainte due à la forme du terrain et le mode de vie convivial des habitants nous ont amenés à créer un espace de vie où les limites entre l'intérieur et l'extérieur de la maison sont imperceptibles. On y habite autant à l'extérieur qu'à l'intérieur ; caillebotis et velums sont les prolongements du séjour que l'on voudrait sans limite.
Toutefois au Cap-Ferret, l'intimité n'est pas évidente à préserver. Aussi, la terrasse – séjour extérieur – est protégée de la rue par les annexes de la maison que sont le garage et la palissade en bois. Au sud, le relief permet au regard de s'échapper au dessus des pins, donnant à l'ensemble une impression de décollement."

Laurent Duplantier

De larges baies coulissantes ouvrent généreusement le séjour sur la terrasse encadrant la piscine.

La chambre de l'étage dispose également d'une grande terrasse.

Ci-dessus : vue du séjour.

Ci-contre : l'espace-cuisine. Remarquez l'élégant comptoir avec son plateau en verre sablé. Les tabourets sont des créations de Pascal Mourgue, éditeur Fermob.

Salle de bains à l'étage.

Escalier desservant la chambre à l'étage.

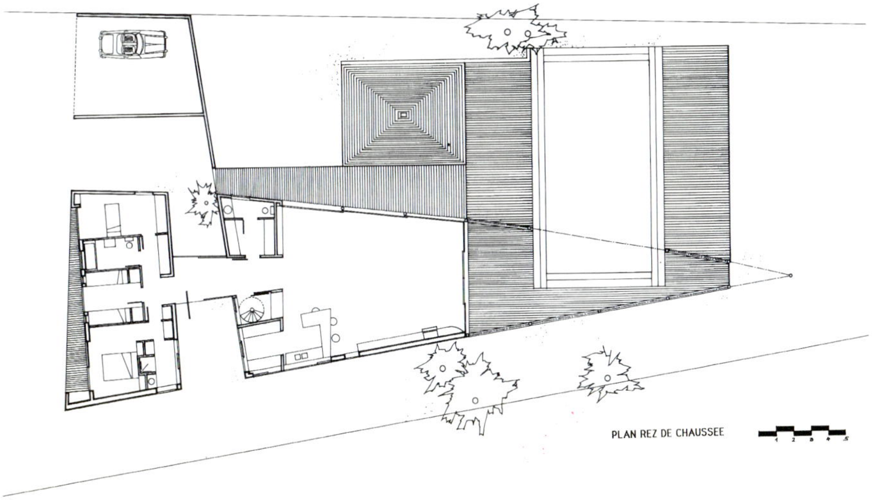

Maison dans la forêt

J.-B. Lacoudre

1995

A Augerville-la-Rivière, dans le Loiret, l'architecte Jean-Baptiste Lacoudre a construit dans une ancienne carrière de sable désaffectée une « cabane » afin d'y vivre des instants privilégiés en contact avec la nature. Le site, avec son paysage vallonné et tourmenté, ressemble à un petit terrain vague. Tout le projet d'insertion a été conditionné par le souci de préserver l'état originel du lieu, magnifiquement arboré. Tel un pont, la construction vient se nicher au creux de cette petite vallée, vestige de la carrière, et relie les deux « rives ». Cette configuration permet d'obtenir deux étages de plain pied. En partie haute, la grande pièce de jour bénéficie de vues lointaines et se prolonge à l'extérieur par des terrasses en bois affleurant le flanc du coteau. La partie basse, semi-enterrée, accueille deux chambres, une salle de bains et des toilettes. La surface habitable est de 100 m^2.

La structure en bois a rendu possible la préfabrication en atelier des éléments de panneaux de murs. A l'instar des maisons en bois américaines que les habitants montent eux-mêmes, Jean-Baptiste Lacoudre, en participant activement à la construction, a pu édifier cette maison basique à un coût minimal. Une fois les panneaux de façade assemblés et la charpente posée, une seconde peau ventilée, constituée de clins en cèdre rouge, a été fixée par l'extérieur. A l'intérieur, des plaques de plâtre assurent l'isolation thermique. Enfin, une couverture cintrée en zinc vient coiffer l'édifice.

A gauche, les grandes baies coulissantes sur les deux façades annihilent la séparation entre le dedans et le dehors.

“ Après avoir vécu quelques temps dans une maison en bois d'un ami, dans laquelle j'avais constaté que l'on vivait beaucoup plus en contact avec l'environnement, j'ai souhaité construire une habitation avec ce matériau. Avec le bois, la sensation de proximité, d'alliance et de participation avec la nature abroge la frontière entre le dedans et le dehors.

Ma cabane est en fait une grande pièce où tout se vit comme dans les cuisines des fermes, véritable antre de la maison. Alors qu'au niveau du jardin, les chambres cherchent à marquer une certaine intimité et permettent un isolement. ”

Jean-Baptiste Lacoudre

Sous le plancher en bois de l'étage un petit abri de jardin se dissimule dans la colline.

Vue de la grande pièce à vivre, en partie haute. Au centre derrière le poêle, l'escalier dessert les chambres situées en rez-de-jardin.

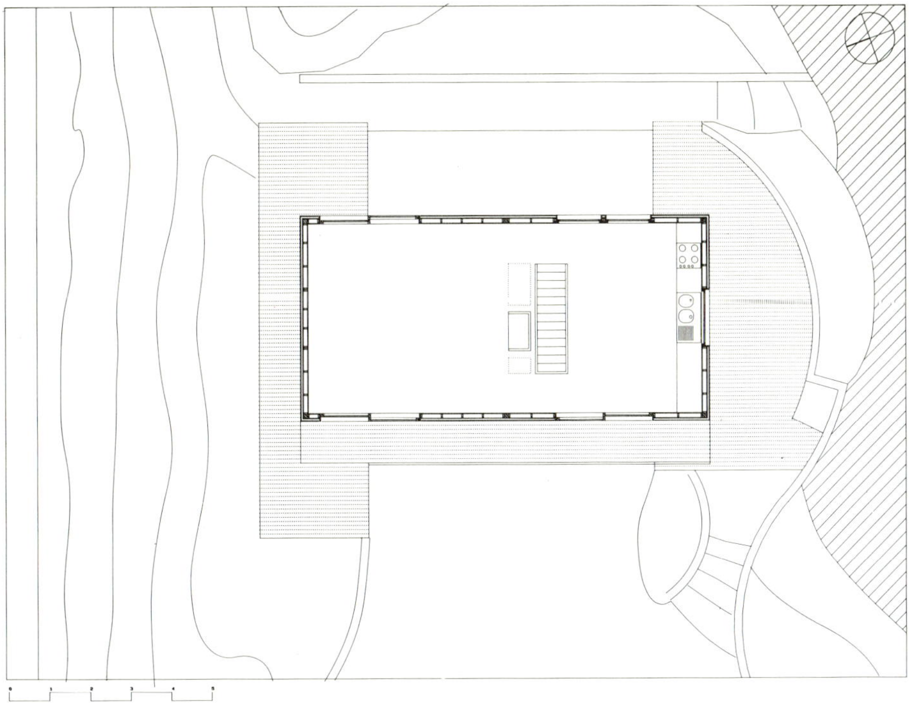

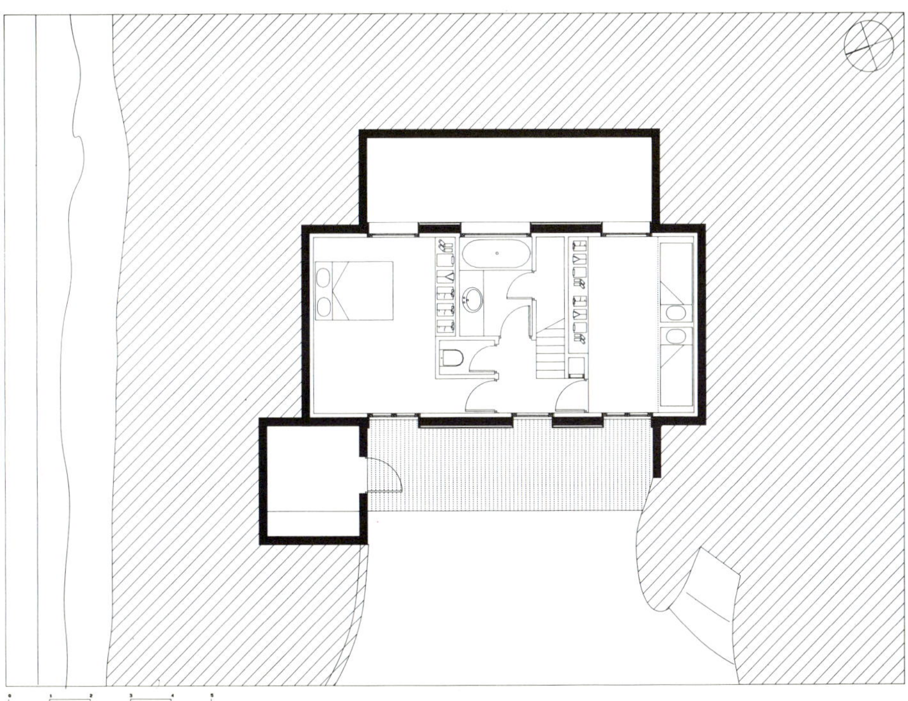

Maison Guyonnet-Duperat

Claude Marty

1 9 9 3

Pour cette résidence secondaire située au Moulleau à Arcachon, l'architecte Claude Marty a conçu une maison entièrement en bois. En effet, les maîtres d'ouvrage souhaitaient une maison très « vacances » et ont demandé à Claude Marty, qui avait préalablement dessiné leur résidence principale entièrement en maçonnerie près de Bordeaux, d'imaginer une maison différente. La réponse de l'architecte réside dans cette « cabane » à la fois abri et belvédère au toit mono pente. Afin de s'extraire des voisinages immédiats, sur ce terrain sableux à forte déclivité, la maison repose sur des pilotis de bois. Elle bénéficie, ainsi, d'une vue au-dessus des maisons environnantes vers la forêt qui fait face à l'océan. Ces pilotis prennent appui par l'intermédiaire d'étriers métalliques sur des plots en béton. Cet impact minimal sur le sol a permis de conserver intacte la végétation existante.

Toute la structure de la maison est en sapin. Le bardage et les terrasses extérieures sont en cèdre rouge. Les planchers intérieurs sont réalisés en Triply, aggloméré de bois fort bon marché et très résistant.

Une passerelle d'accès conduit à l'entrée, protégée par un auvent créé par la découpe et le soulèvement d'un pan de toit.

L'organisation spatiale est régie par un plan très symétrique. En avant un corps principal accueille cuisine, salle à manger et séjour. Cet espace se prolonge par une grande terrasse située à hauteur des branches de pins. Elle est ceinturée en partie haute par un portique, pouvant supporter un vélum lors des journées de fort ensoleillement.

Puis de part et d'autre, en retrait et légèrement plus bas, se situent les chambres avec leurs terrasses respectives et les espaces de service. La surface habitable est de 180 m^2.

Photo du haut page précédente : remarquez le soin apporté dans la réalisation du caillebotis précédant la passerelle d'accès. Les lames de bois épousent parfaitement les troncs des chênes verts.

Au premier plan, deux chaînes prolongent la gouttière pour canaliser les eaux de pluie.

“ Le bois permet de penser l’architecture de manière actuelle, logique et libre. Il permet également de répondre à un désir contemporain d’espaces poétiques : c’est un matériau résolument moderne. ”

Claude Marty

Vue du salon avec les célèbres fauteuils AA dont le dessin remonte à 1939 (par Antonio Bonet, Juan Kurchan et Jorge Ferrari Hardoy). Le bloc au fond accueille sanitaires et cellier. Derrière se situe la cuisine (voir plan).

Les pilotis, semblables à une forêt de poutres, hissent la maison au niveau des branches de pins.

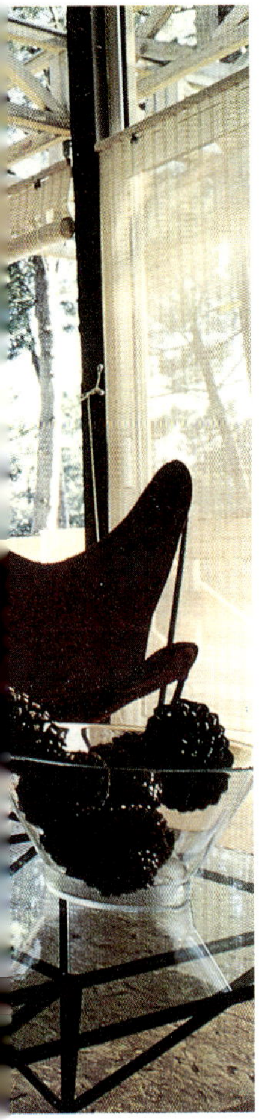

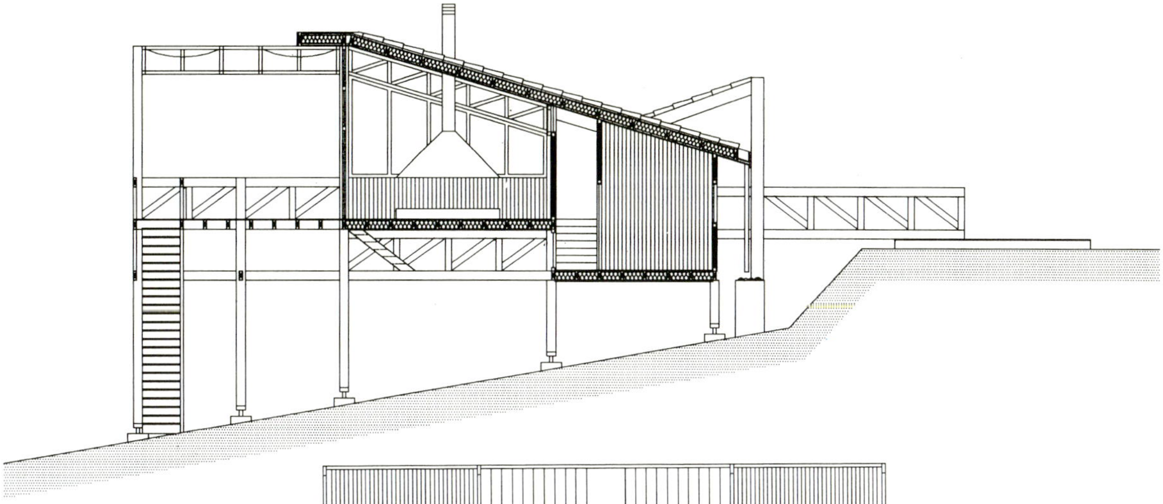

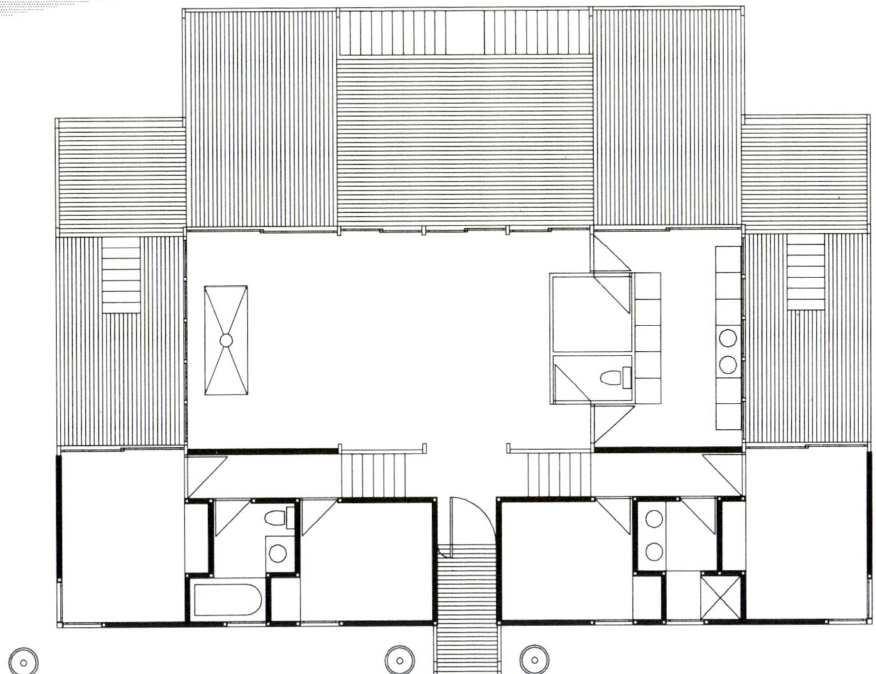

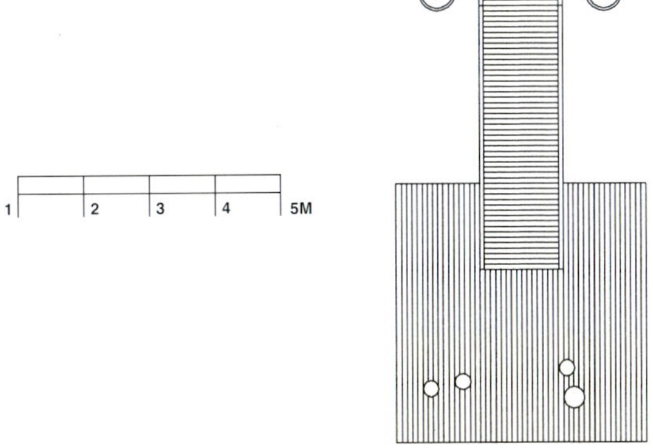
1
2
3
4
5M

Maison Saint-Marc

Claude Marty

1984

La maison Saint-Marc, nichée au milieu des pins au Cap-Ferret, a été dessinée par Claude Marty. C'est le nom du maître d'ouvrage, Monsieur François Saint-Marc, qui a inspiré l'architecte dans la conception de cette maison. En effet, ce patronyme a évoqué un édifice religieux à Claude Marty. Aussi, dans une démarche non dénuée d'humour, il s'est proposé « d'abriter son client au nom prédestiné dans une église ! » Pour cela, il a imaginé cette maison de vacances avec une grande travée centrale semblable à une nef. Cette travée, surélevée par rapport aux deux corps latéraux, est vitrée dans sa partie haute. Les vitrages apportent de la lumière au cœur même de la maison et offrent des échappées visuelles vers la cime des arbres. L'assemblage de la charpente de cette partie de la maison se fait en X, rappelant la croix de Saint-André. Par souci d'économie, l'architecte a réutilisé les fondations – remarquablement conservées – d'une ancienne maison, bâtie là dix ans auparavant. Ce soubassement sert autant de support mécanique que de régulateur métrique des nouveaux espaces. Ainsi, la structure en bois de sapin rouge alterne avec une trame de poteaux en béton. Ces derniers, laissés bruts de décoffrage, ont été peints en jaune alors que le bois extérieur se pare d'une lasure de couleur bleue. Ces couleurs vives, assez rares dans l'habitat individuel, se marient ici très bien avec la nature environnante et renforcent le côté vacances de cette habitation.

L'emprise au sol étant pratiquement un carré, la maison s'organise très symétriquement (voir plan). Sur une surface habitable de 200 m² se déploient un vaste séjour, une cuisine, un coin feu, trois chambres, deux salles de bains et des toilettes.

Grâce à la transparence de la travée centrale dans sa partie haute, la lumière pénètre largement au milieu de la maison.

Le bardage extérieur est constitué de simples voliges de pins posées en biais.

Le patio, abritant le volume de l'entrée, peut également se transformer en terrasse intime.

La cheminée très sculpturale, avec ses deux conduits cylindriques, a été dessinée par l'architecte. Le foyer surélevé prend appui sur un piètement constitué de simples fers à béton laqués en jaune.

Vue du coin salon. Le lampadaire Toio, à droite, est une création de Achille et Pier Giacomo Castiglioni (éditeur Flos).

« Le choix des matériaux propres à la construction des cabanes, la création de volumes singuliers et la lumière fusant de toutes parts provoquent ici des émotions qui masquent les règles constructives formelles. Pourtant, ce sont bien ces dernières qui déterminent l'aspect de cette maison de vacances. »

Claude Marty

La cuisine avec l'évier et les plaques de cuisson encastrés dans le plan de travail central.

Ici, la chambre intègre la salle de bains.

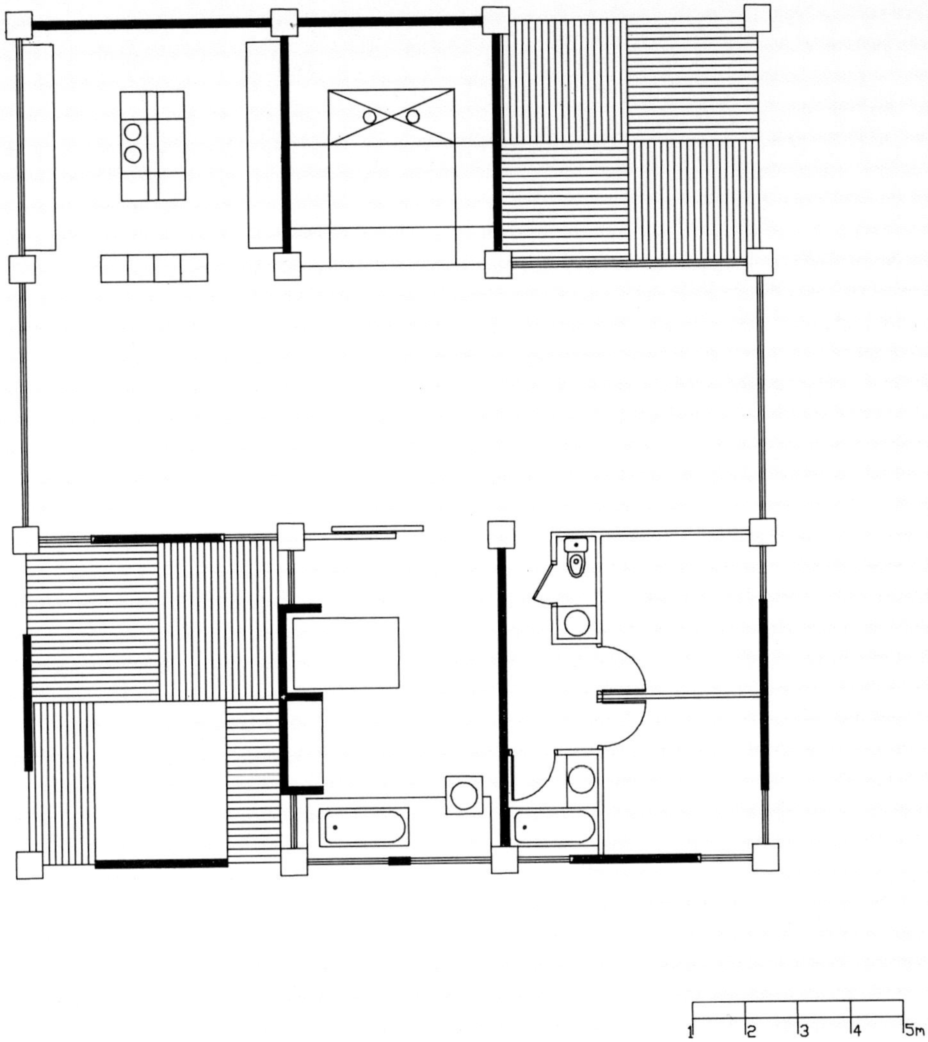
1
2
3
4
5m

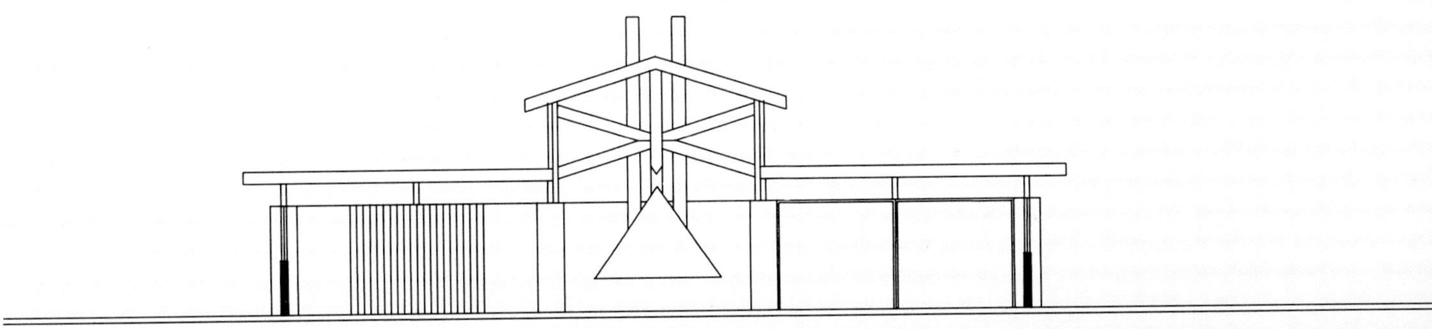

Maison "3 Suisses"

Philippe Starck

1993

Acheter les plans d'une maison sur catalogue, voilà l'idée développée par l'architecte et designer Philippe Starck en collaboration avec la société de vente par correspondance les 3 Suisses. Proposée dans leur catalogue automne/hiver 94-95, cette maison en bois est la propre résidence de l'architecte. Edifiée en région parisienne, elle semble sortie tout droit de l'imaginaire d'un enfant. Néanmoins, sa forme basique, sa symétrie, son double toit, son péristyle avec ses colonnes en troncs bruts et sa volée de marches sur la façade d'entrée lui confèrent une certaine monumentalité.
Se développant sur un plan carré avec quatre façades symétriques, l'édifice repose sur une structure de poteaux poutres périphériques avec seulement deux poteaux centraux sur les 100 m^2 de rez-de-chaussée. Ces porte-à-faux importants ont été rendus possibles par l'emploi d'une ossature principale en bois lamellé-collé. Les quatre façades sont entièrement vitrées. Les allèges des fenêtres ont été dimensionnées en conséquence et participent à la rigidité de l'ensemble. La technique du vitrage feuilleté permet de se prémunir efficacement contre d'éventuelles intrusions. Structure, bardage et plancher sont réalisés en épicéa.
La construction est coiffée de deux toits à quatre pentes dont le premier déborde à rez-de-jardin et crée tout autour de la maison une galerie couverte. Les piliers bruts qui étayent cet auvent sont traités après enlèvement de l'écorce.
La surface habitable est de 138 m^2. On trouve de plain pied séjour, cuisine, chambre et salle de bains. A l'étage, se déploient trois autres chambres et une seconde salle de bains.

La maison de Philippe Starck nichée au sein d'une clairière, entourée de bouleaux et de rhododendrons.

La galerie couverte devient, dès les premiers beaux jours, un espace privilégié pour dîner.

Sous l'auvent, fauteuils Lord Yo dessinés par Philippe Starck (éditeur Driade).

Un large escalier mène à la façade de l'entrée. Remarquez la gargouille ouvragée à l'extrémité de la gouttière.

Détail de la marquise dans le prolongement du toit supérieur.

Vue sur la pièce principale au rez-de-chaussée.

Placards et étagères délimitent l'espace-cuisine.

Vue de la chambre à l'étage supérieur. Le grand meuble dans lequel est encastré la tête du lit accueille un dressing ainsi que des toilettes. De part et d'autre du lit, deux toiles de Gérard Garouste.

La salle de bains à l'étage.

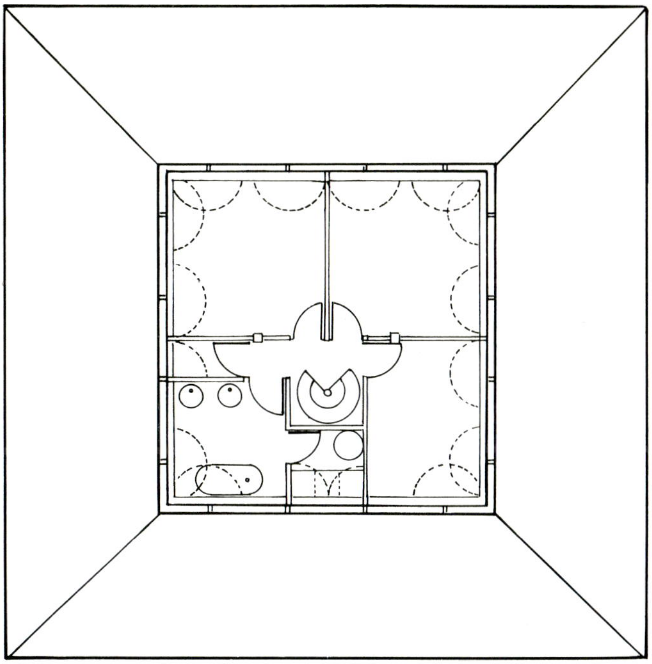

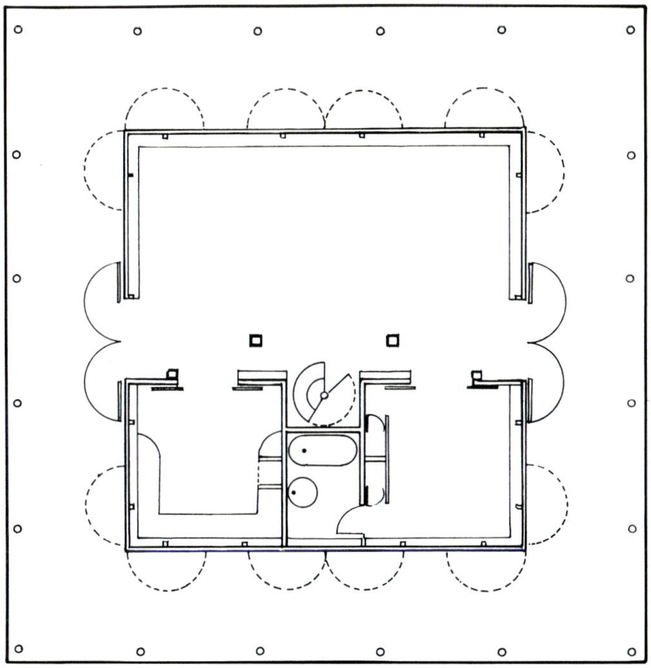

"L'architecture privée... est une architecture qui va de l'intérieur vers l'extérieur, c'est-à-dire que dans ce cas l'art, la culture, la sémantique ne m'intéressent pas ; ce qui m'intéressent ici ce sont les petites choses qui font la qualité de la vie, le plaisir, l'aspect privé, le bon moment... La petite lumière qu'on allume quand on prend son petit déjeuner, la proximité de la salle de bains, le feu de bois : un confort essentiellement vu à petite échelle...
La maison est en bois parce que ce sont des maisons qui se construisent vite. En plus, les chantiers sont propres, agréables à visiter et sentent bon. Le bois donne une certaine forme de rapport à l'habitat, de la légèreté et une grande souplesse d'aménagement, rien n'est jamais irréversible. On ne vit pas dans une maison en bois comme on vit dans une autre maison. On peut se retrouver célibataire ou avoir un enfant ou vouloir travailler chez soi : toutes choses qui font qu'une maison doit avoir un développement organique ; la coquille doit être souple. Dans une maison en bois, construire une cloison pour faire une chambre de plus est un jeu d'enfant."

Philippe Starck

Lampe Miss Sissi dessinée par Philippe Starck (éditeur Flos).

Maison à Colombes

L. Guibert - H. Samaha

1 9 9 5

A Colombes, en proche banlieue parisienne, les architectes Lionel Guibert et Hisham Samaha ont greffé avec succès une architecture contemporaine sur un traditionnel pavillon en meulières, datant de la fin du siècle dernier. La simplicité formelle de cette extension contraste avec les modénatures (profil des moulures) raffinées de la façade. Cette dernière est majestueusement rythmée par des baies horizontales et des bandeaux de bois. Cette alternance, régie par l'étude des formes et des fonctions lors de l'élaboration du projet, donne l'illusion d'une multiplicité des niveaux et allège visuellement le bâtiment. Derrière ces bandeaux se déploient, de façon similaire pour les deux niveaux, le plancher et les caissons de rangement inférieurs et supérieurs. Ces derniers, intégrés dès la conception, participent pleinement à la structure de la façade. Enfin, pour affirmer l'impression d'une grande fenêtre, les architectes ont dessiné d'immenses volets qui occultent toute la hauteur de la façade. Construite en maçonnerie traditionnelle (parpaings et enduit), cette extension est coiffée à son sommet par une marquise au dessin très épuré. Conforme aux *desiderata* des propriétaires, à savoir l'adjonction d'une salle à manger, d'une cuisine et d'une pièce à l'étage avec possibilité d'isolement, cette extension génère une surface habitable supplémentaire de 45 m^2.

Les volets, réalisés en panneaux de bois, s'actionnent aisément grâce au montage de nombreux gonds.

Maison à Colombes

“Tout commence par cette part de rêve à laquelle nous convie un maître d'ouvrage. Suit ce temps nécessaire à écouter, comprendre, dialoguer, orienter des désirs parfois contradictoires afin de mieux cerner les exigences de la commande, ce temps indispensable pour établir une confiance mutuelle. Car on l'oublie trop souvent, l'histoire d'une construction, aussi petite soit-elle, peut être longue et parfois surprenante !

Comment parler de la patience, de la conviction, des incertitudes partagées, de l'incompréhension du néophyte devant l'abstraction des dessins, des surprises du chantier ?

Comment exprimer la bienveillance d'une équipe d'artisans qui durant quelques mois édifient le nouvel édicule d'un paisible quartier de banlieue ?

Comment révéler le plaisir partagé d'une telle aventure ?

Souhaitons que la rencontre de nos imaginaires ait réussi à créer des espaces, des usages, des conforts, des lumières dignes de nos émotions.”

Lionel Guibert, Hisham Samaha

Vue arrière de l'extension.

Un cadre en bois, indépendant de la structure en maçonnerie, supporte les huisseries et les caissons de rangement. Ces derniers décomposent harmonieusement le paysage en bandes horizontales.

Vue depuis le premier étage.

1 : *gravillons*
2 : *étanchéité bicouche élastomère*
3 : *mousse polyuréthane*
4 : *pare-vapeur*
5 : *tôle pliée fixée à la maçonnerie et sur le côté de la façade en recouvrement*
6 : *marquise en cornière acier 40 x 45*
7 : *verre cathédrale, épaisseur : 6 mm*
8 : *joint creux, tasseau bois 50 x 50*
9 : *cadre en contreplaqué MDF ébénisterie, frêne, épaisseur :19 mm*
10 : *châssis fixe en cornière acier 45 x 45 soudé au joint creux et fixé au cadre bois par vis*
11 : *parclose en cornière acier 30 x 20*
12 : *joint creux, U acier 30 x 15 soudé à un tube carré acier 30 x 30*
13 : *double vitrage, épaisseur : 4 x 6 x 4*
14 : *contreplaqué MDF ébénisterie, frêne, épaisseur : 17 mm.*
15 : *laine de verre*
16 : *contreplaqué, épaisseur :15 mm*
17 : *contreplaqué ébénisterie extérieur type Panorex, frêne, épaisseur :19 mm*
18 : *porte de placard, contreplaqué MDF ébénisterie, frêne, épaisseur :19 mm*

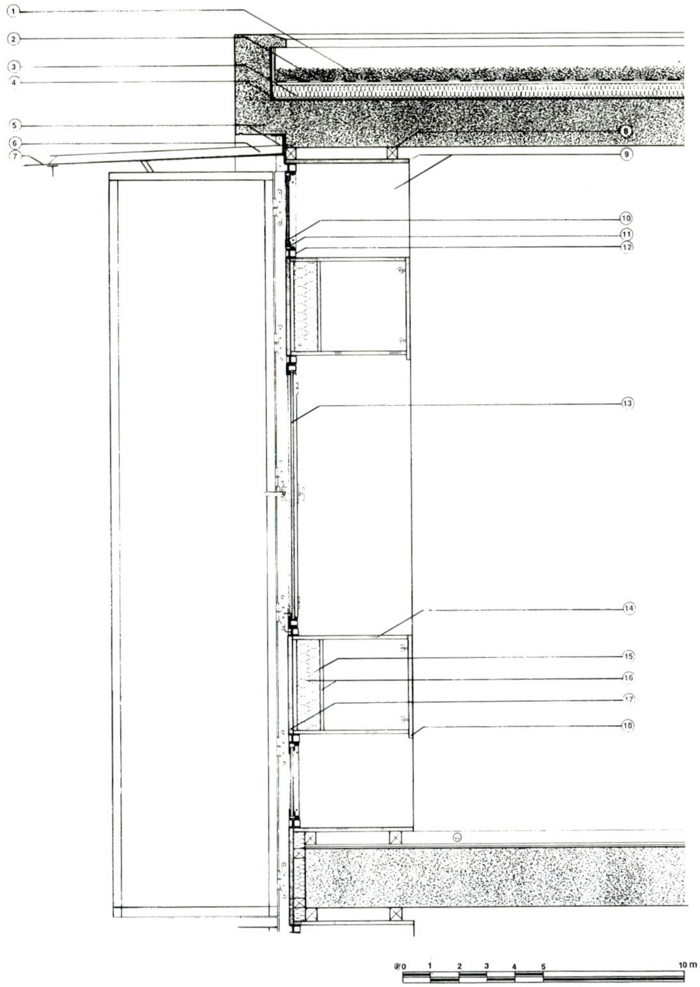

Confrontation au sommet entre l'ancien et le moderne avec les deux marquises !

Maison à La Garenne-Colombes

D. Jakob - B. MacFarlane

1994

A La Garenne-Colombes, près de Paris, les architectes Dominique Jakob et Brendan MacFarlane ont développé une dynamique architecturale en procédant à la reconfiguration complète d'un pavillon désuet des années 40. Le parti pris des concepteurs a été de multiplier les volumes afin de dégager un îlot d'intimité sur une parcelle de terrain de 210 m^2. Les oppositions chromatiques des matériaux – l'enduit blanc pour la construction existante ; le bois, l'enduit vert et l'acier galvanisé (gris) pour l'extension – soulignent harmonieusement cette diversité des espaces bâtis.

L'extension se caractérise par deux volumes distincts reliés entre eux, à l'étage, par une passerelle. Ces deux bâtiments se singularisent également par le mouvement de leur toit en sens opposé. Le premier, adjacent à la partie ancienne, accueille au rez-de-jardin la cuisine en prolongement du séjour et des toilettes. Aux étages, se superposent successivement les deux salles de bains puis une chambre (voir coupes et plans) ; le second bâtiment décalé abrite le garage et une chambre d'amis.

Pour la partie ancienne, les architectes ont redéfini le rapport classique de la façade à la rue. La fenêtre du rez-de-chaussée a été supprimée et celle de l'étage légèrement diminuée. En revanche, le percement de hautes baies verticales sur une double hauteur ouvre le séjour ainsi que les deux pièces de l'étage sur la cour, et apporte profusion de lumière.

L'extension a engendré une surface supplémentaire de 80 m^2, portant ainsi la surface habitable totale à 160 m^2.

Avant et après l'intervention des architectes. L'extension a littéralement phagocyté le bâtiment existant.

“La maison s'insère dans un parcellaire complexe et éclectique de la banlieue. Nous avons travaillé avec ce contexte existant qui nous a permis de créer une maison qui appartient à son environnement. En même temps, elle est expressive de son propre programme, ses propres intimités, ses extensions de volumes et de vues, la fluidité des espaces, l'accueil de la lumière...”

Dominique Jakob et Brendan MacFarlane

Vue du garage avec au-dessus la chambre d'amis accessible depuis la passerelle. Le bois est un contre-plaqué marine lasuré.

On devine sur cette photo le mouvement des toits en sens opposé.

Le séjour avec le meuble-bibliothèque reprenant la forme de l'escalier. Les luminaires en aluminium sont des créations de Dominique Jakob et Brendan MacFarlane. Au fond, on aperçoit la cuisine.

La passerelle est vitrée côté jardin et opaque côté rue.

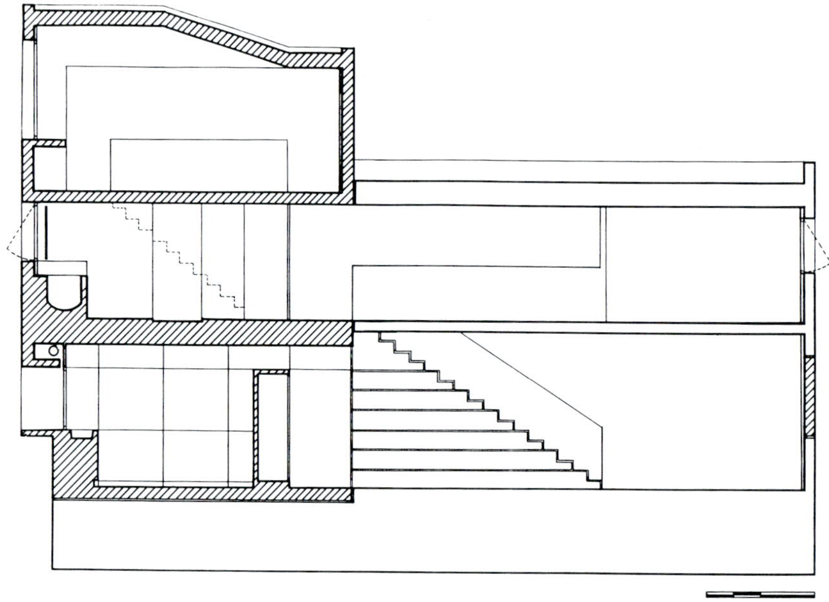

Notez le large appui de fenêtre permettant de déposer les plats ou de faire office de bar côté jardin.

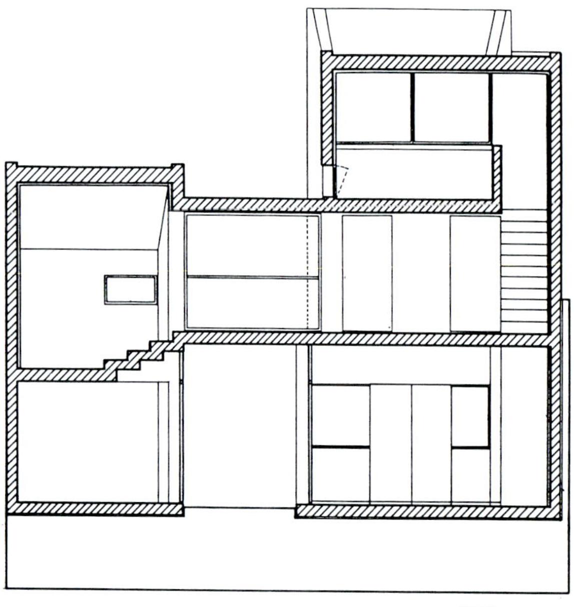

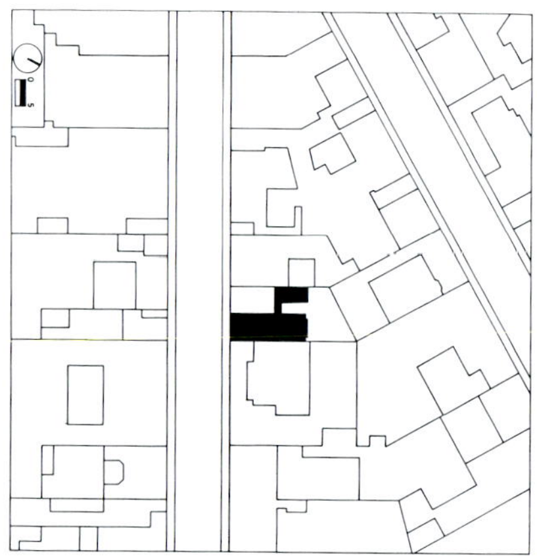

De bas en haut, on trouve la cuisine, les deux salles de bains puis la chambre.

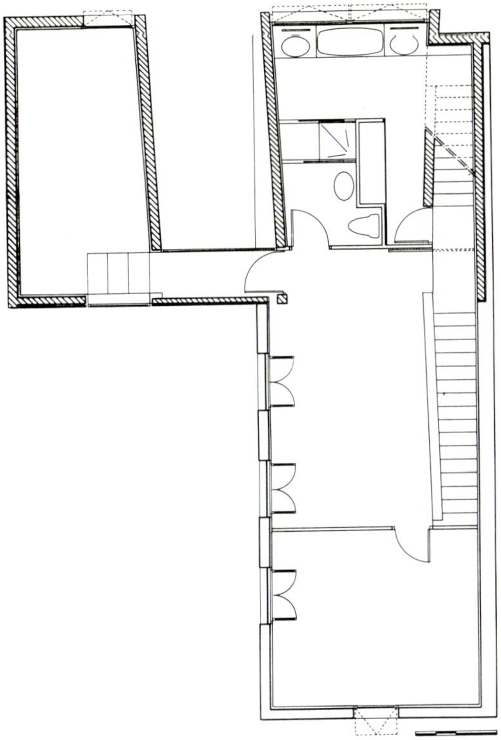

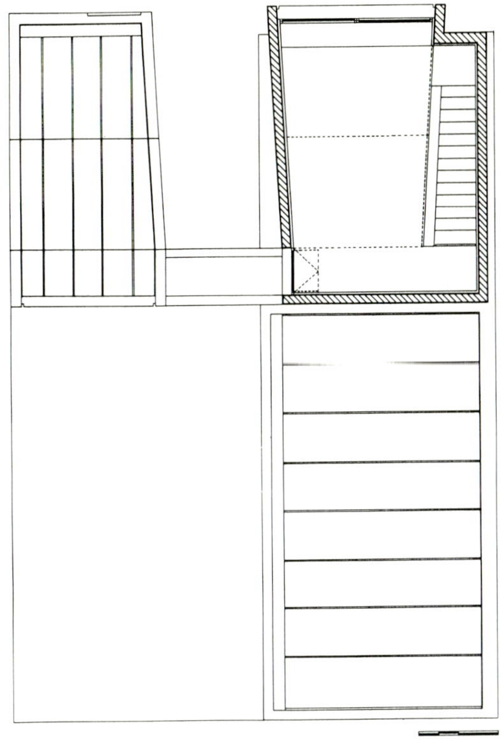

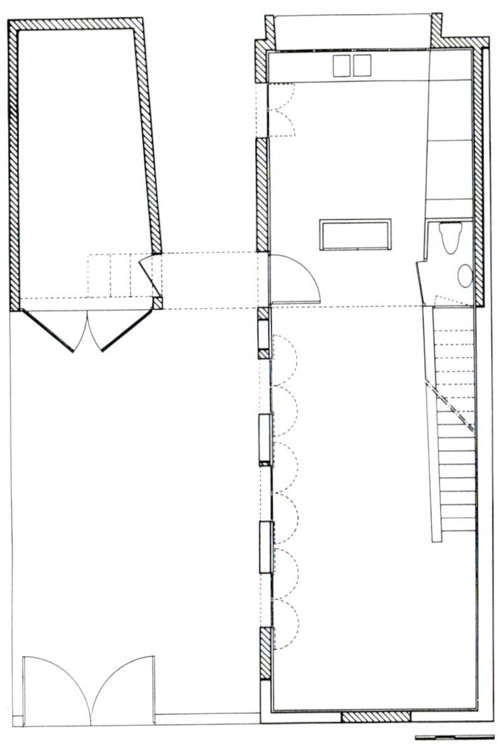

La cour intérieure est pavée de simples dalles en béton lissé (50 x 50 cm).

SOLDES
SOLDES
SOLDE
Gestetner

Maison Étienne-Marey

Christophe Lab

1995

A Paris, dans le XXe arrondissement, il n'est pas rare de voir se côtoyer immeubles d'habitation et petits pavillons. A l'extrémité d'une impasse donnant sur la rue Etienne-Marey, l'architecte Christophe Lab s'est vu confier la rénovation d'une habitation désuète avec un petit jardin privatif en façade. Telle la tête de proue d'un navire, cette maison offre un repère à ce carrefour très disparate (voir plan de masse). Malgré une réglementation contraignante, à savoir un mur arrière aveugle et l'obligation de conserver le gabarit existant, le bâtiment est d'une richesse plastique étonnante.

Pour cette maison de ville, l'architecte s'est attaché à intégrer le jardinet dans la composition architecturale globale. Ainsi, le mur d'enceinte est traité comme une excroissance sans décrochement de l'enveloppe extérieure de la maison. Des brise-soleil en partie haute confèrent à ce mur une légèreté très aérienne.

Construite en parpaings, la maison se singularise par le carrossage de cuivre de la façade. Un traitement à l'ammoniaque a permis d'accélérer le vieillissement des plaques de métal, leur donnant ainsi une belle patine de couleur verte.

Les espaces intérieurs se répartissent sur quatre niveaux. Au sous-sol se trouve la cuisine, éclairée au ras de la rue par une double rangée de pavés de verre. Au rez-de-chaussée, bureau et séjour s'ouvrent sur l'espace très intériorisé du jardin. Le premier étage accueille deux chambres. Au second étage se déploie une troisième chambre, prolongée par une grande terrasse protégée. La surface habitable, hors terrasses, est de 180 m^{2}.

Plan de masse.

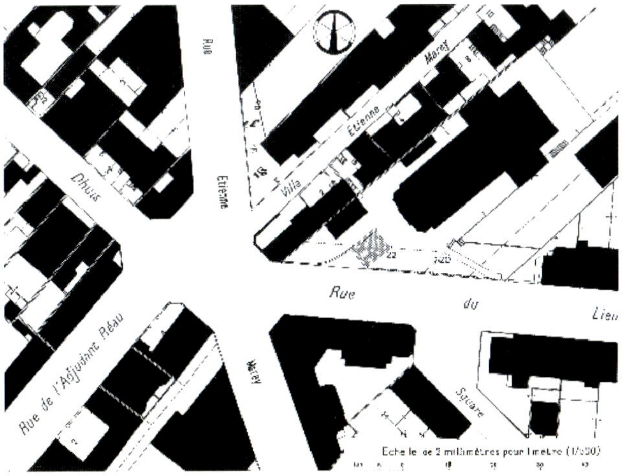

A droite, collage de l'architecte : "bâtiment dans bric-à-brac urbain".

Détail des brise-soleil en béton qui, outre leur côté fonctionnel, allègent visuellement le mur d'enceinte.

Vue du portail d'entrée dessiné par l'architecte.

“Je conçois chacune de mes réalisations comme des soldats en armes, sortes de guetteurs figés, positionnés dans la cité tels des vigiles prompts à réagir lors de l'insurrection de l'imaginaire.

Ici, le bâtiment s'avance pour manifester sa présence au milieu du carrefour, rappelant ainsi que le centre de la chaussée est le lieu privilégié du parcours urbain.”

Christophe Lab

Coupe transversale sous forme de collage.

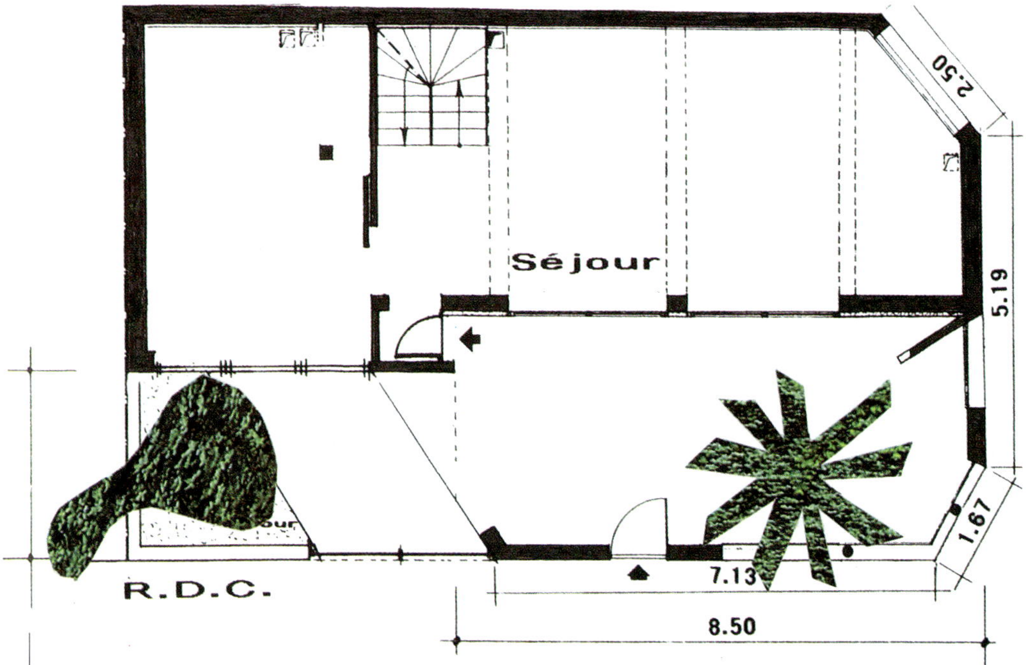

La terrasse du rez-de-chaussée est réalisée en opus incertum *de marbre.*

Vue de la terrasse supérieure. Notez le carénage en plaques de cuivre de la cheminée.

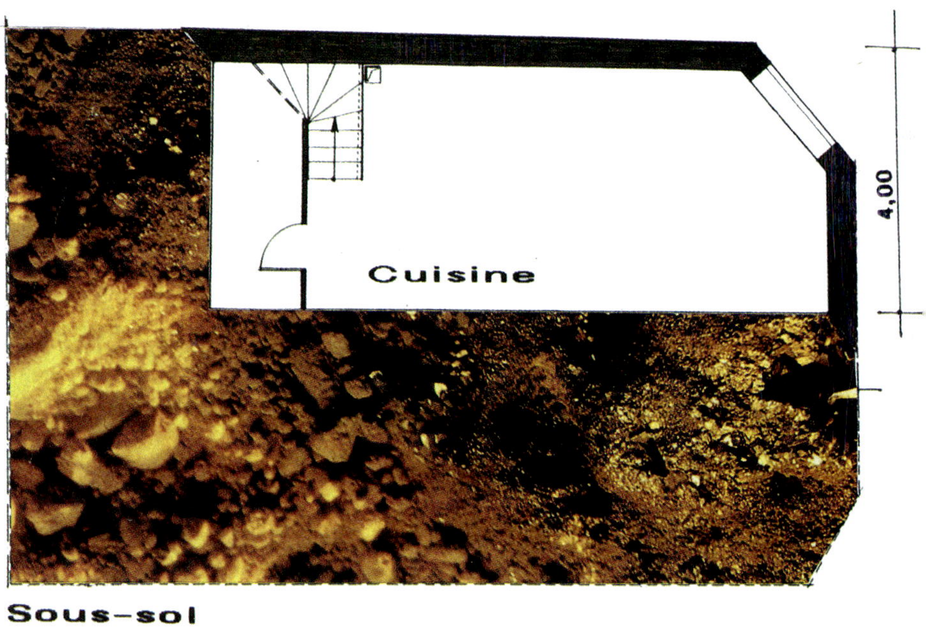

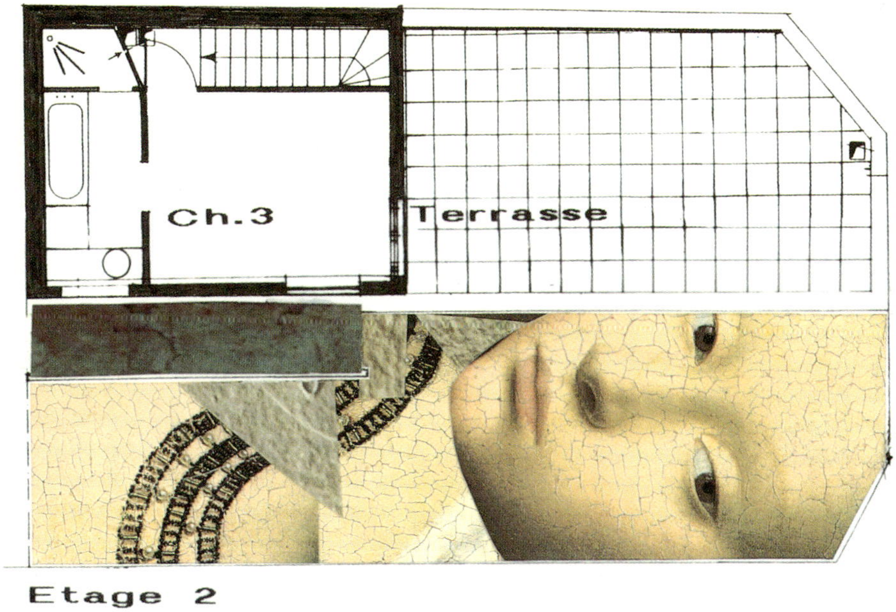

A gauche, les deux portes coulissantes du bureau ont été peintes par l'architecte.

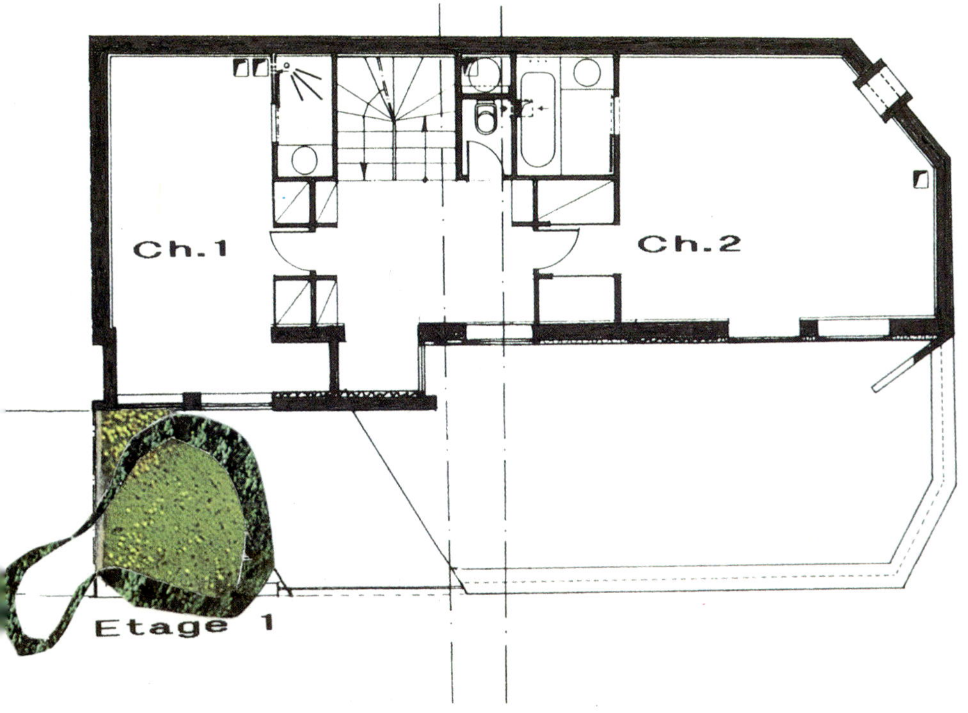

3

Maison Mahé-Verdure

Christian Mahé-Verdure

1 9 9 3

Lorsque l'architecte Christian Mahé-Verdure acquiert cet ancien garage à Sotteville-lès-Rouen pour le réhabiliter en vue d'y vivre, c'est tout d'abord un achat affectif. En effet, ce bâtiment, outil de travail d'un ancien ami garagiste, a été le théâtre de ses premières passions mécaniques. Très vite, le souhait de conserver l'esprit du lieu et un budget serré déterminent le parti architectural. La conservation d'amples volumes lumineux et l'emploi de matériaux de type industriel vont faire naître dans cet ancien garage un authentique loft.

Ainsi, le sol est réalisé en béton industriel surfacé de couleur grise. Ce type de revêtement permet d'obtenir un sol fini en une seule opération. Très résistant, il ne nécessite quasiment aucun entretien. A l'étage, en mezzanine pour privilégier l'habitabilité, l'architecte a supprimé une partie des fermes treillis existantes et a édifié une structure de poutrelles de type I.P.E. Un plancher dit « collaborant » vient reposer sur cette structure. Ce type de plancher, très usité dans les bâtiments industriels, présente deux énormes avantages : coût modéré et faible épaisseur (13 cm au total, 7 cm de bac plus 6 cm de béton non armé). Sa mise en œuvre en est simple : des bacs acier, en appui sur des poutres maîtresses, servent à la fois de coffrage et de plafond.

L'organisation intérieure se singularise au rez-de-chaussée par le volume totalement ouvert. Seuls des meubles à mi-hauteur isolent partiellement la cuisine. De même, l'espace salle à manger est virtuellement circonscrit par un sol en plancher bois.

A l'étage, la mezzanine accueille une chambre, un bureau, une salle de bains et les sanitaires. La surface habitable totale est de 200 m^2.

Etat originel du bâtiment avant l'intervention de l'architecte.

La table basse du salon est une création de Christian Mahé-Verdure. Deux plateaux en matériau alvéolaire (de type Makrolon) d'une épaisseur de 32 mm sont reliés entre eux par quatre tubes en Altuglass.

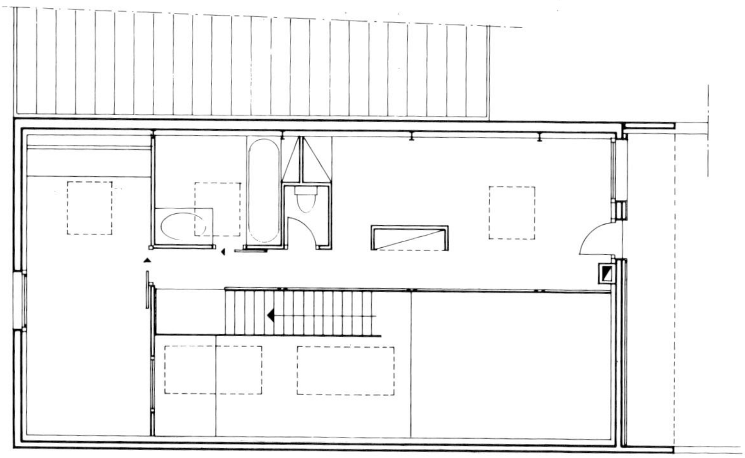

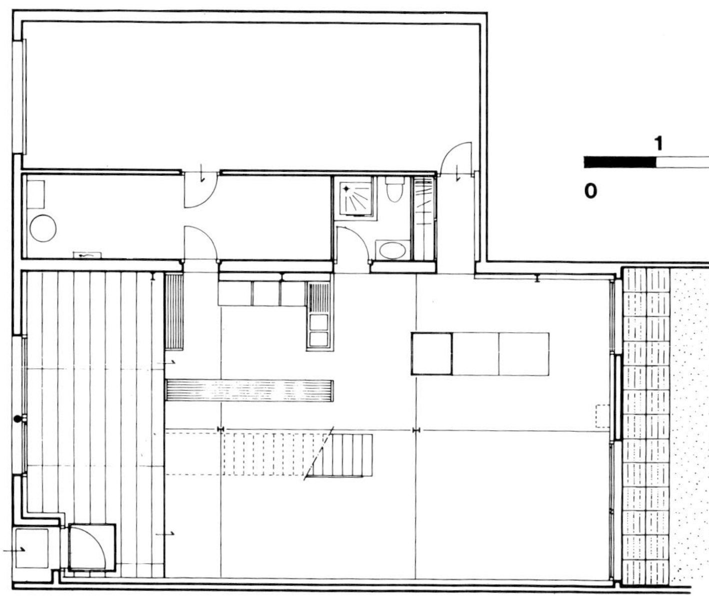

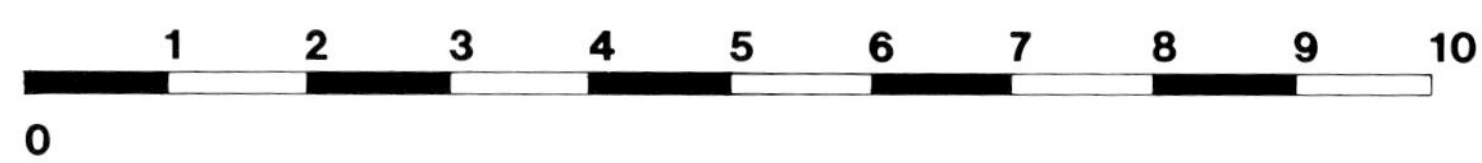
0
1
2
3
4
5
6
7
8
9
10

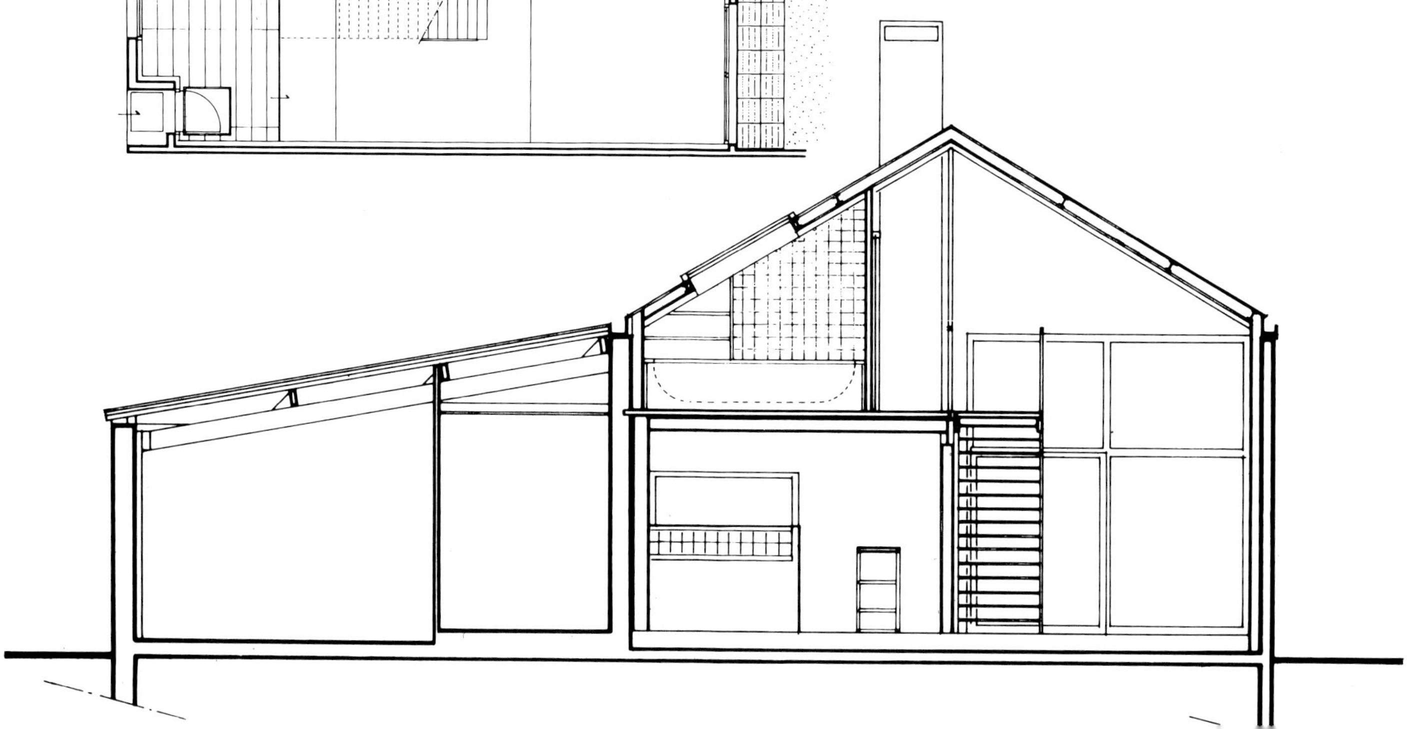

"Dans ce type de projet, le sens, la qualité de l'architecture produite, viennent de la justesse des scénarios envisagés lors de la conception. Dans le cas présent, deux grands paramètres devaient être pris en compte : le premier, un volume beaucoup plus long que large, avec uniquement deux façades apportant de la lumière naturelle ; le second, une rue peu large avec la proximité immédiate des nuisances urbaines habituelles. Le reste n'est que l'application du scénario le plus juste : "Je rentre dans le garage, je sors de la voiture chargé de paquets, donc la cuisine et le cellier seront là ! ; la façade sur rue sera plus fermée et opaque, elle nous protégera du bruit et des vues ; le coin repas sera sur le côté rue, donc le salon donnera sur le jardin minéral ; l'apport de lumière naturelle sera sûrement un peu juste, implantons un puit de lumière ..."
Au bout du compte, la réaffectation du lieu s'est faite avec très peu de volonté formelle, de la simplicité, de l'économie, pas de surenchère, pas de citation. Si le dessin du projet est calme et simple, il en sera de même pour le produit fini. L'architecture, c'est aussi se raconter les bonnes histoires."

Christian Mahé-Verdure

BALISE LUMINEUSE

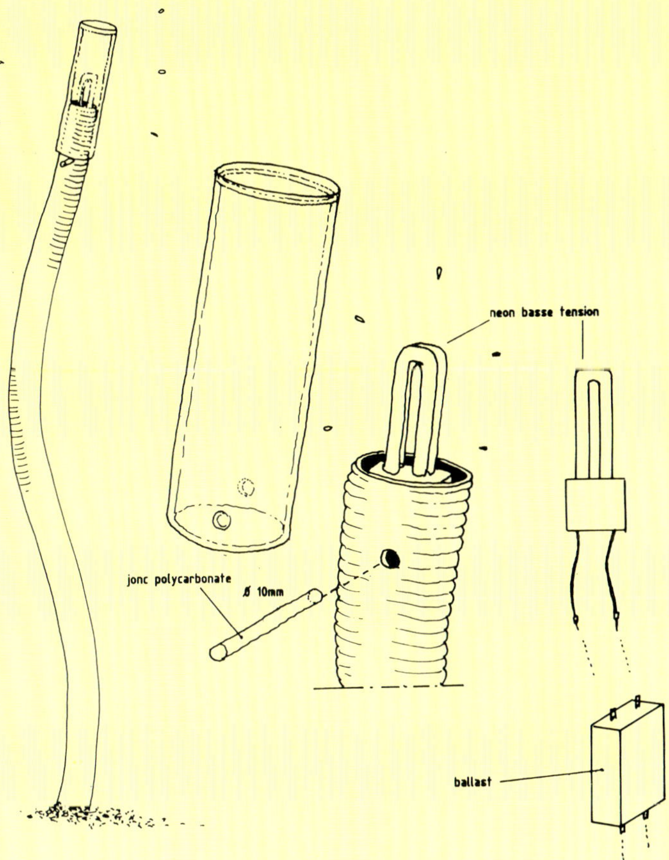

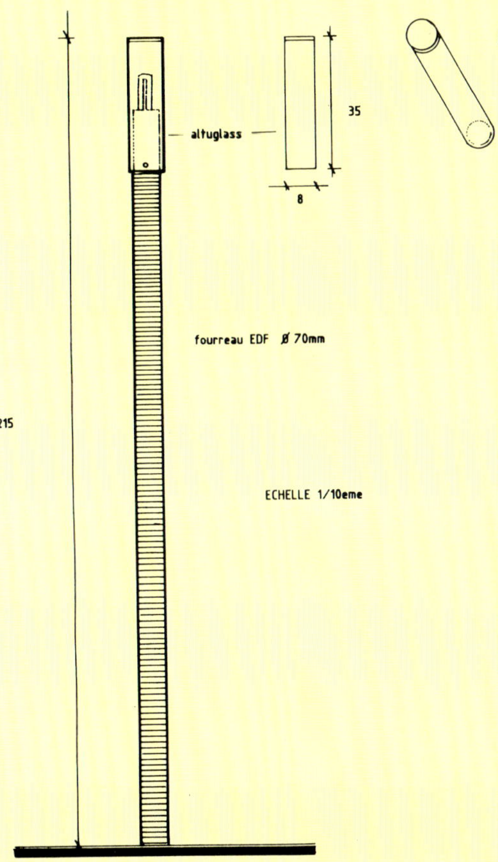

Les balises lumineuses adossées au mur mitoyen ont été dessinées par Christian Mahé-Verdure.

Maison Brulé

Fabrice Millet

1994

L'extension de cette ancienne maison à Vicq, dans les Yvelines, conçue par l'architecte Fabrice Millet a donné lieu à la juxtaposition de deux architectures dialoguant entre elles. Selon le souhait des propriétaires, le bâtiment existant a été conservé dans l'état initial. Très introverti, éclairé en façade sud par une unique petite fenêtre, il répond à la construction contemporaine totalement ouverte sur la nature.

L'extension se caractérise par l'adjonction d'un volume identique à la construction initiale. Le gain de surface est de 60 m^2. Les parois et la toiture sont traitées dans une continuité réglementaire avec les maisons environnantes. La structure du bâtiment, invisible, est en acier avec un remplissage non porteur.

La grande singularité du projet réside dans le pignon sud entièrement vitré avec son immense store extérieur en bois. Ce store très sculptural, en cèdre rouge, a été dessiné et mis au point par l'architecte et le serrurier Eric Puissant. La rotation graduelle des lames permet de filtrer savamment la lumière. Enchâssées sur des cadres d'acier, elles peuvent également remonter le long de deux tiges filetées verticales et ouvrir totalement le séjour dont le sol se prolonge à l'extérieur sans rupture de seuil. Ceci est rendu possible grâce à des joints mobiles intégrés aux menuiseries assurant l'étanchéité des ouvrants.
Ce système de store fort ingénieux, mû par un moteur électrique, a été fabriqué de façon artisanale. Il n'est pas sans rappeler les machines animées du sculpteur Jean Tinguely.

Etat originel de la maison avant l'intervention de l'architecte.

La cheminée extérieure existante a été incorporée à la nouvelle construction.

Le store extérieur s'escamote totalement en partie haute. Remarquez les baies vitrées qui se replient en accordéon et permettent ainsi d'ouvrir la totalité du séjour.

Espace intérieur revêtu d'un placage de bouleau. Au fond, se situent une salle de bains et une petite cuisine.

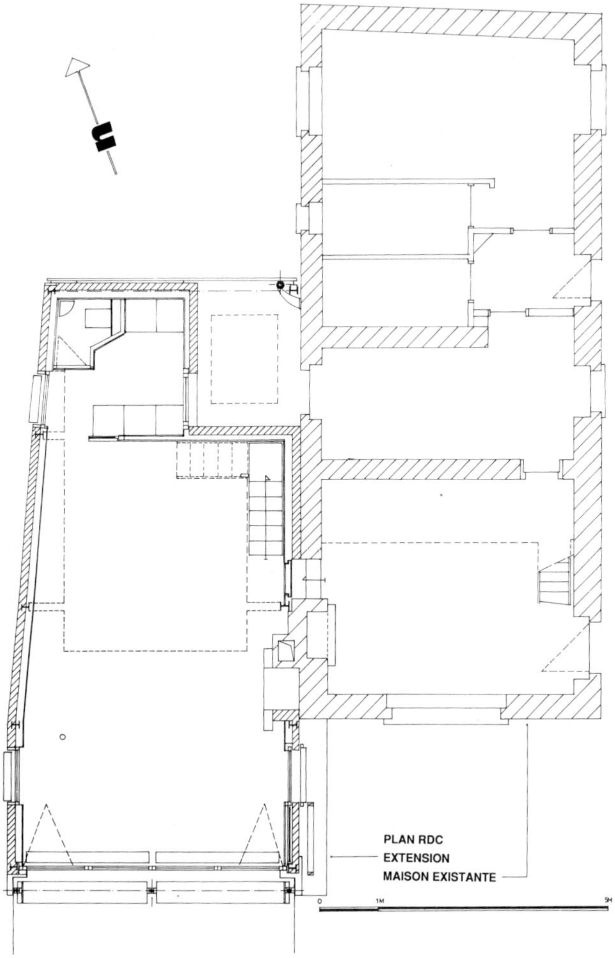

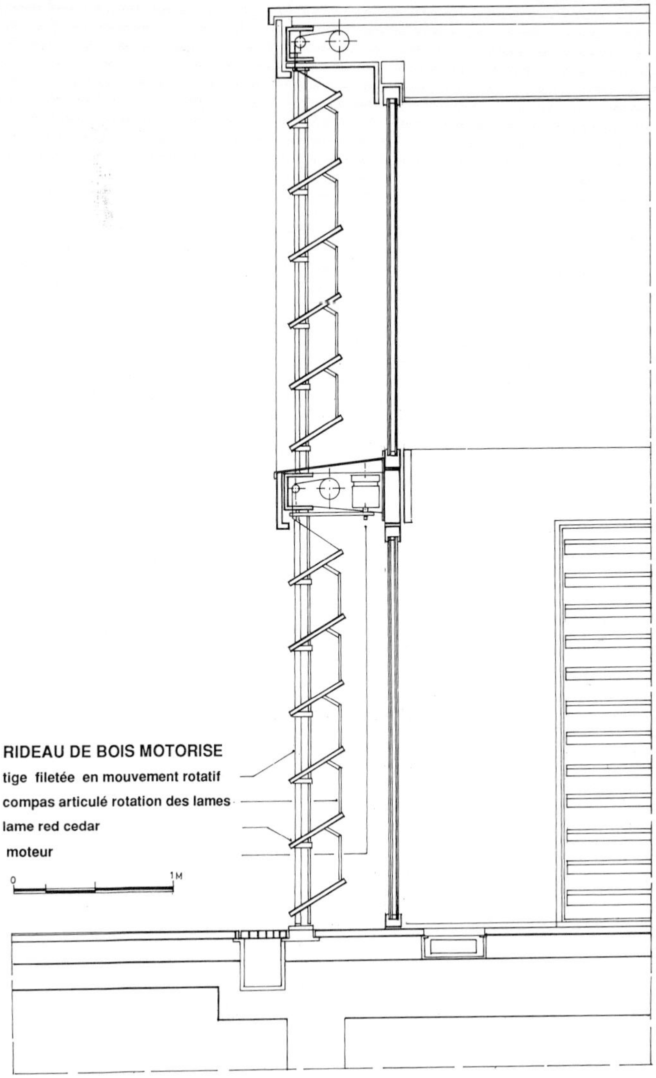

“La recherche de la ténuité : l’espace intérieur, ajouté à la maison, est conçu comme une cavité, orientée vers le jardin et la lumière.

Un mur actif et mobile règle l’ouverture du lieu entre transparence et opacité, en fonction des phénomènes naturels : la lumière, le vent, la pluie.

Cette liberté de jouer avec des limites et des apparences relie le projet à la nature et aux saisons.”

Fabrice Millet

Vues du séjour au premier étage.

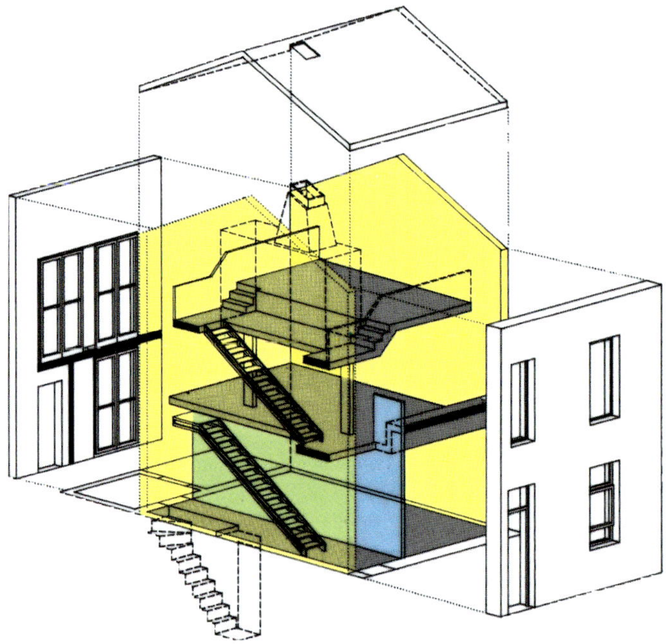

“Il fallait adopter un parti radical d'organisation pour donner un nouvel équilibre à cette maison. En déplaçant le séjour au premier étage, au centre du volume, on optimise la répartition fonctionnelle et l'éclairement naturel. Les effets de transparence et de continuité permettent à tout moment une perception du nouveau volume, ainsi révélé.”

Anita Vazeux

Maison Emerman

Anita Vazeux

1 9 9 2

A Vanves, derrière le parc des expositions de la porte de Versailles, la rénovation de la maison Emerman a été menée par l'architecte Anita Vazeux. Il s'agissait de réhabiliter un modeste pavillon tout en conservant son enveloppe extérieure, l'emprise au sol ne dépassant pas 40 m². Le souci d'optimiser le bâtiment pour un usage contemporain a conduit l'architecte à orienter tout le travail vers un remodelage total du volume existant, préalablement évidé. En abaissant de 40 cm les hauteurs sous-plafond du rez-de-chaussée et du premier étage, un niveau supplémentaire a été gagné. Ce nouvel espace génère une surface habitable de 20 m², ouvert sur deux côtés et bénéficie d'une vue plongeante sur les niveaux inférieurs (voir coupe). Cette ouverture a également pour effet d'augmenter le volume du premier niveau qui est l'espace central de la maison.

La distribution verticale est assurée par un escalier métallique très aérien. Des garde-corps transparents en métal déployé ceinturent la trémie d'escalier.

De bas en haut se répartissent successivement au rez-de-chaussée : l'entrée, deux chambres d'enfants et une salle de bains ; au premier étage : le séjour et la cuisine ; au deuxième étage : la chambre des parents avec sa salle d'eau attenante. La surface habitable est de 100 m².

Crédits photographiques

Bersout Sylvie/Archipress : pp. 74, 75, 76, 78

Blancquaert Lieve : pp. 16, 17, 18, 19, 20

Bordaz Marie Claire : pp. 118, 120, 121, 122, 123

Borel Nicolas : pp. 8, 9, 52, 53, 54, 55, 56, 57 (photo du bas)

Bouchez Gilles : pp. 34, 36, 37, 38

Boy de la Tour Didier : pp. 68, 69, 70, 71, 72

Braud Christian : pp. 88, 90 (photo du bas), 91 (photo du bas), 92, 93, 98, 99, 100, 101, 102, 103, 104, 105, 106

Cacouault Jean-Christophe : pp. 124 (photos du milieu et du bas), 127, 128 (photo du haut), 129

Dirand Jacques : pp. 108, 109, 110, 111, 112

Ecoutin Patrick : pp. 114, 115, 116, 117

Goustard Alain : pp. 94, 95, 96

Guiriec Noël : pp. 5, 40, 41, 42, 43, 44, 45, 58, 59, 60, 61, 62, 63, 64, 65, 66

Lang Andreas: : p. 119 (photo du bas)

Monthiers Vincent : pp. 82, 83, 84, 85, 86, 89, 90 (photos du haut et du milieu), 91 (photo du haut)

Martin Gambier Olivier : pp. 130, 132, 133, 135

Pignata Monti Mario : pp. 136, 137(photo de droite), 138

Ruault Philippe : pp. 10, 12 (photo du haut), 13, 14

Simon Philippe : p. 140

Thibert Vincent : pp. 22, 24, 25, 26, 27

Von Schaewen Deidi : pp. 28, 29, 30, 31, 32, 33

Werlemann Hans : pp. 46, 47, 48, 49

D.R. : pp. 12 (photo du bas), 57 (photo du haut), 67, 70 (photo du milieu), 77, 80, 81, 113, 119 (photo du haut), 124 (photo du haut), 128 (photo du bas), 131, 137 (photo de gauche)

Remerciements

L'auteur et l'éditeur remercient la société Deceuninck et M. Paul Van Wambeke pour leur avoir renouvelé leur confiance en collaborant à la publication de cet ouvrage.

L'auteur adresse également ses remerciements à :

Gérard Aimé
Laurence Allégret
Patrice Aoust
Sabine Bledniak
Anne Brunet-Jailly
Christelle Capo-Chichi
Geneviève Comet
Frédéric Durand
Luc Feugere
Henri Guellec
Noël Guiriec
Marie-Odile Lefort
Annie Lesaulnier
Olivier Lombart
Hervé Martin
Françoise Morin
Phuong Pfeufer
Emmanuelle Prossi
Claire Sentis
Laurence Shukor
Vincent Thibert
Valérie Vaudou
Michel Vidalenc
François Wagner

ainsi qu'aux architectes et aux propriétaires des maisons publiées dans ce livre.

maison qui pousse

cabane au bord de l'eau

résidences principales

neuf projets librement imaginés
par des architectes,
sans autre contrainte
que celle de poursuivre le rêve

construction sur pilotis

maisons de vacances

maquette à découper afin d'appréhender
l'articulation des volumes

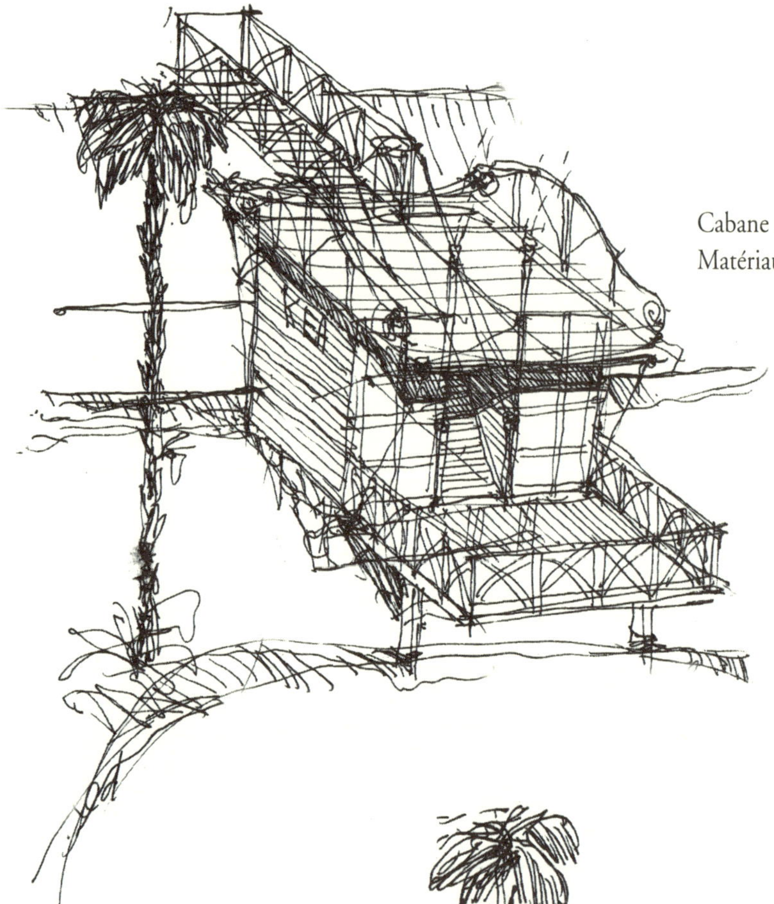

Cabane au bord de l'eau.
Matériaux : bois et cuivre.

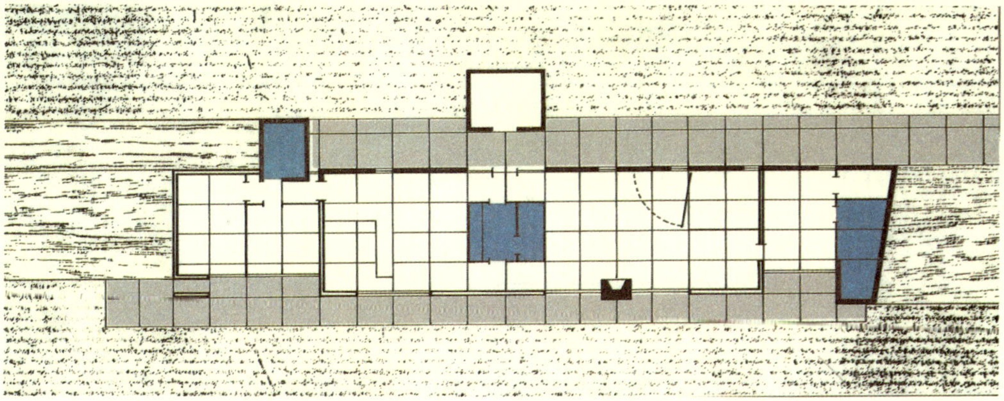

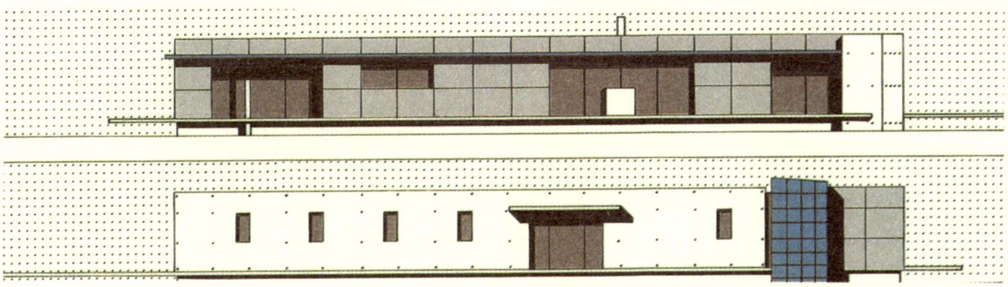

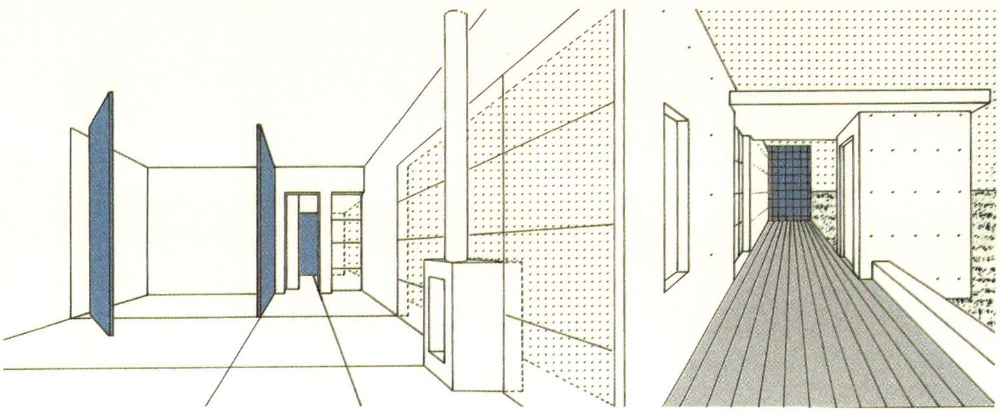

“Cette habitation de vacances, amarrée à ses ponts en teck, est posée sur les dunes comme une caravane des années 50 en aluminium.
Conçue pour une famille de quatre personnes, cette maison de plage offre une double partition jour-nuit et parents-enfants, afin de préserver les espaces de liberté de chacun. Des cloisons mobiles dans la pièce à vivre permettent de créer des coins nuits supplémentaires pour les amis de passage.
Par les généreuses baies vitrées, la mer se devine en second plan, derrière les dunes de sable fin... ”

Christophe Bidaud / A.C.A.U.

“Un plan horizontal coupé par quatre plans verticaux à travers lequel et entre lesquels s'insèrent deux cubes vitrés. Il s'agissait, en 1990 d'esquisser une petite maison de vacances ...”

Guilhem Eustache et Muriel Gaz

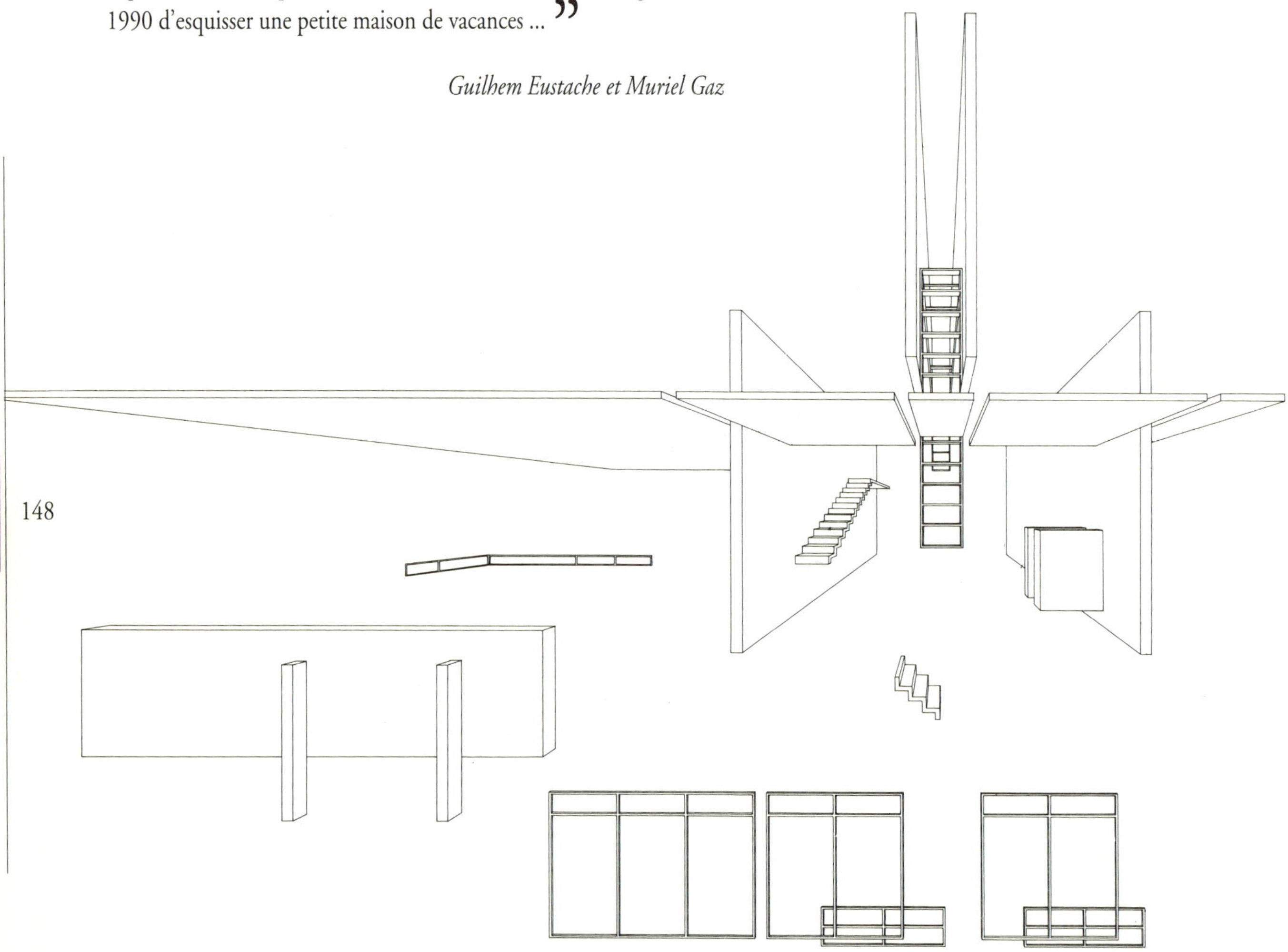

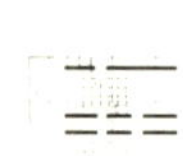

G. Eustache - M. Gaz

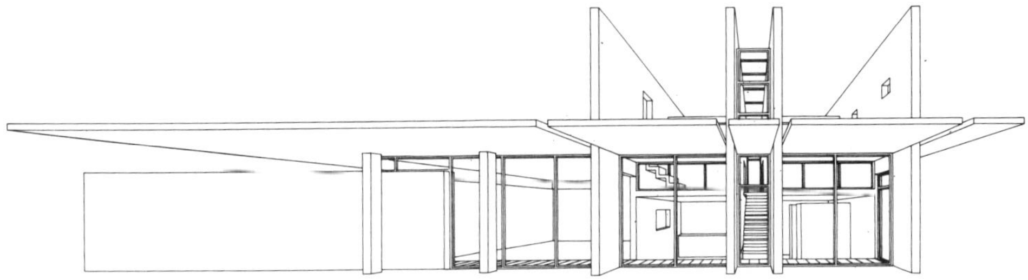

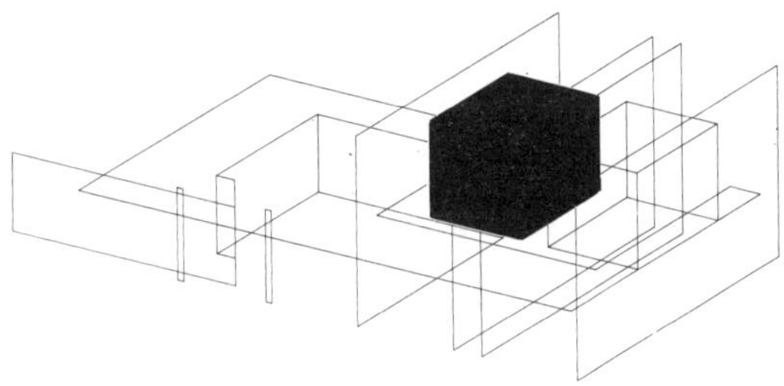

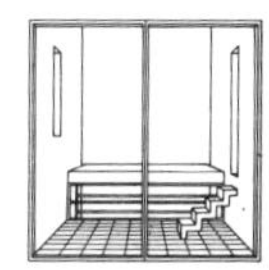

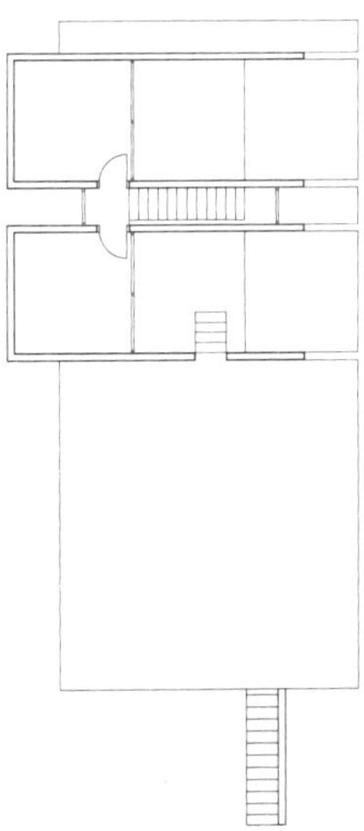

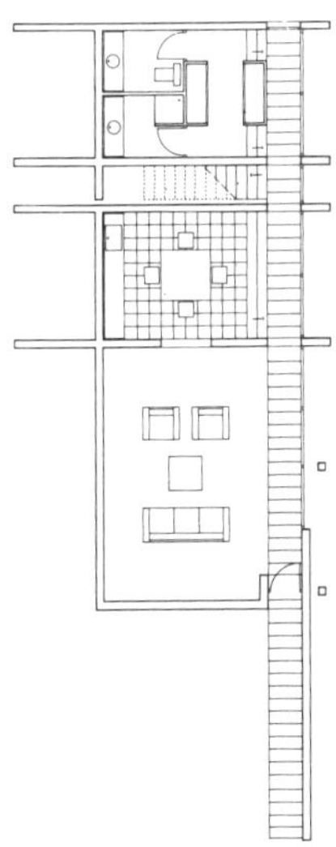

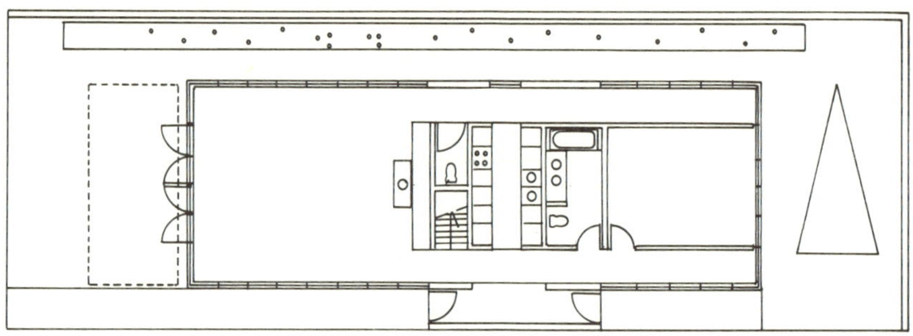

PLAN REZ DE CHAUSSEE

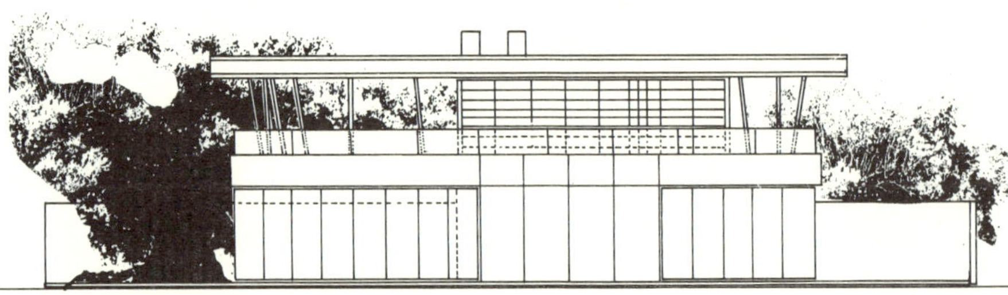

FACADE SUD

“Située dans un terrain très arboré, la maison s'organise sur deux niveaux. Le rez-de-chaussée est largement vitré pour jouir pleinement de la nature. Elle est protégée au nord par un long mur qui l'enveloppe et qui sert de support à une haie de bouleaux.

Le centre de la maison est constitué du bloc technique : cuisine et pièces d'eau. Le séjour s'ouvre sur la terrasse jardin. La chambre des parents est fermée sur deux côtés par des cloisons de bois ; les deux espaces linéaires qui la bordent font office de bibliothèque. A l'étage se situent une grande terrasse ainsi que la chambre des enfants, la buanderie et un local technique.

Le bois et le verre ainsi que le métal et le béton sont les principaux matériaux de ce projet dont la conception est issue du contexte, une maison où l'extériorité est aussi importante que l'intériorité.”

Arnaud Goujon

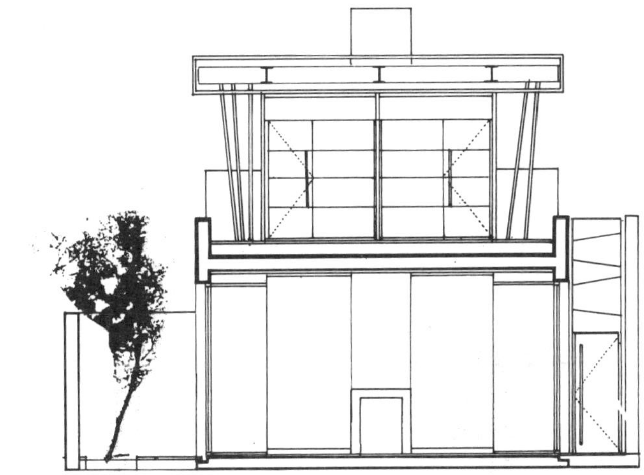

COUPE TRANSVERSALE

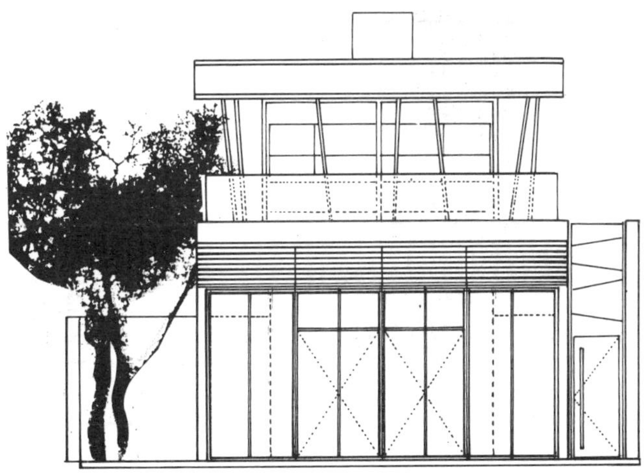

FACADE OUEST

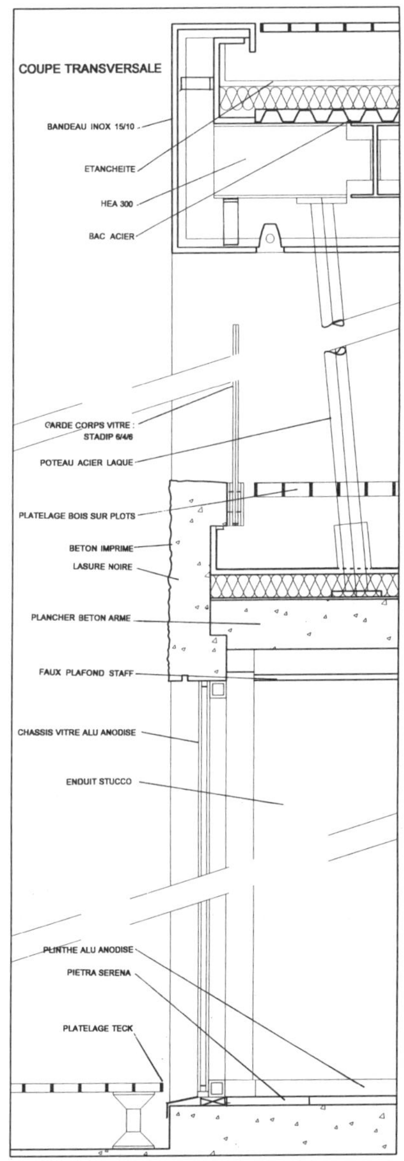

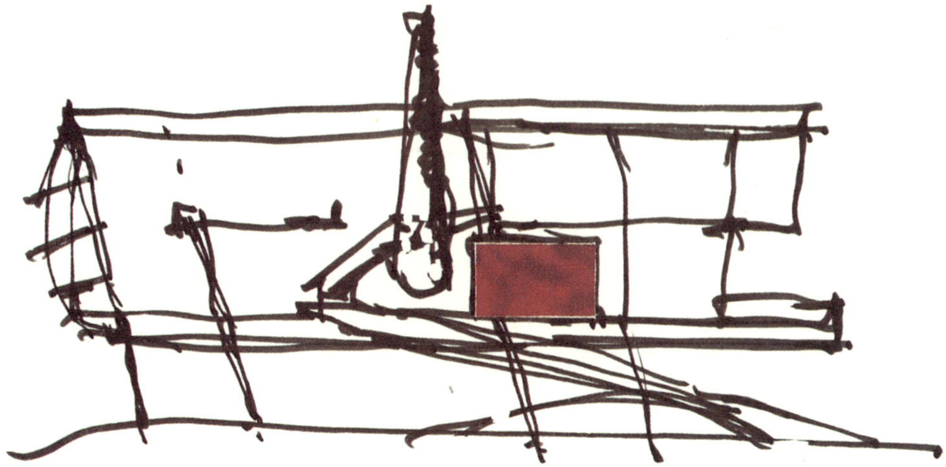

Principe de condensation elliptique

En ne renvoyant objectivement à rien de connu, ces formes s'ouvrent et se ferment alternativement sur un éblouissement et un obscurcissement.

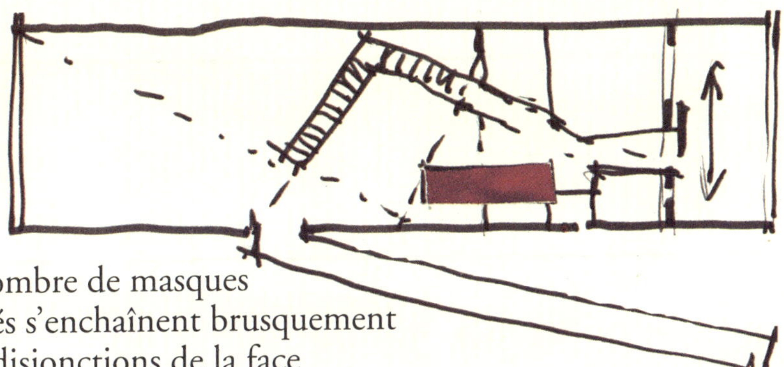

“Et pourquoi l’expression n’arriverait-elle pas aux choses ?”

Le masque Kwele
aux six yeux
sur un plateau en ellipse
disposés par
paires le long

d’un axe vertical

dans un certain nombre de masques
où les plans heurtés s’enchaînent brusquement
de l’un à l’autre - disjonctions de la face

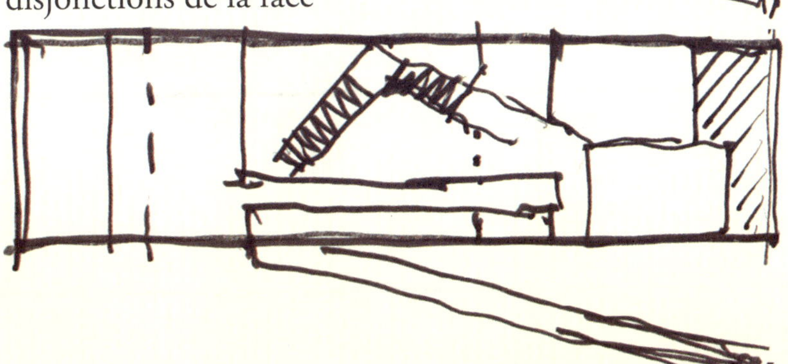

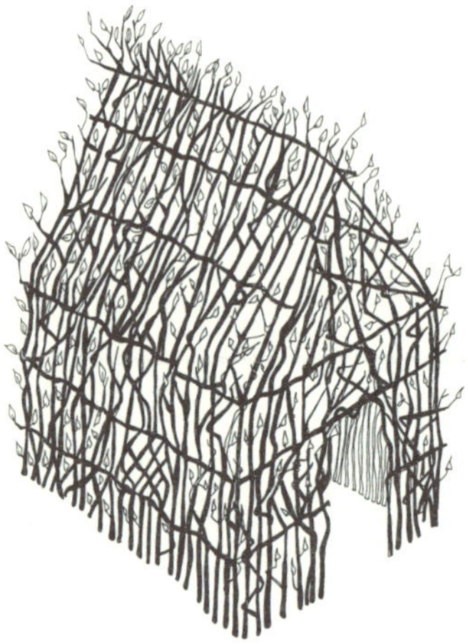

La maison qui pousse

“Une petite maison, une cabane, dont les murs, le toit et les meubles sont constitués de branches de saule vivantes et tressées. Habiter au milieu des arbres, voir jour après jour sa maison pousser... Diriger la croissance des bourgeons, tresser les branches nouvelles pour modifier sans cesse l'architecture de ce rêve d'enfant.”

Emmanuelle Marin-Trottin et David Trottin

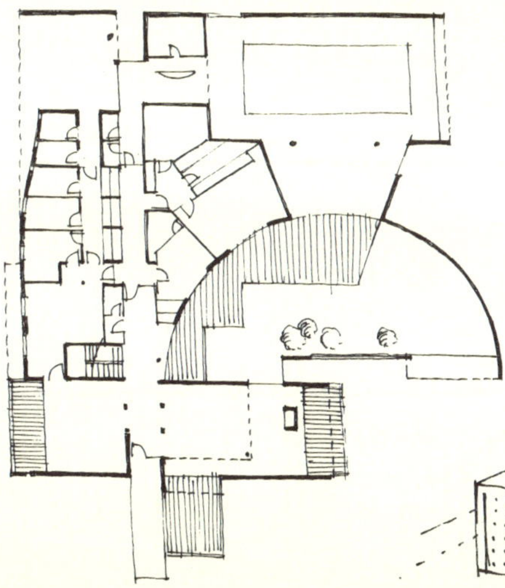

“Cette maison dans sa conception générale doit prendre en compte les données du site : la façade rue au sud et une parcelle de terrain importante mais relativement étroite.
Compte tenu de l'étroitesse de la parcelle au regard de la surface de la maison, j'ai cherché à créer un espace « intérieur » dans le prolongement de la piscine, de la chambre principale et de la chambre d'amis. Le séjour plus orienté au sud et à l'est peut également s'ouvrir au nord sur cet espace.”

Jean-Claude Pondevie

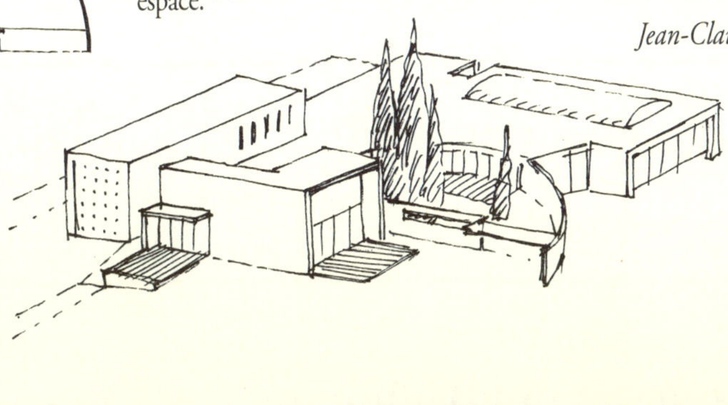

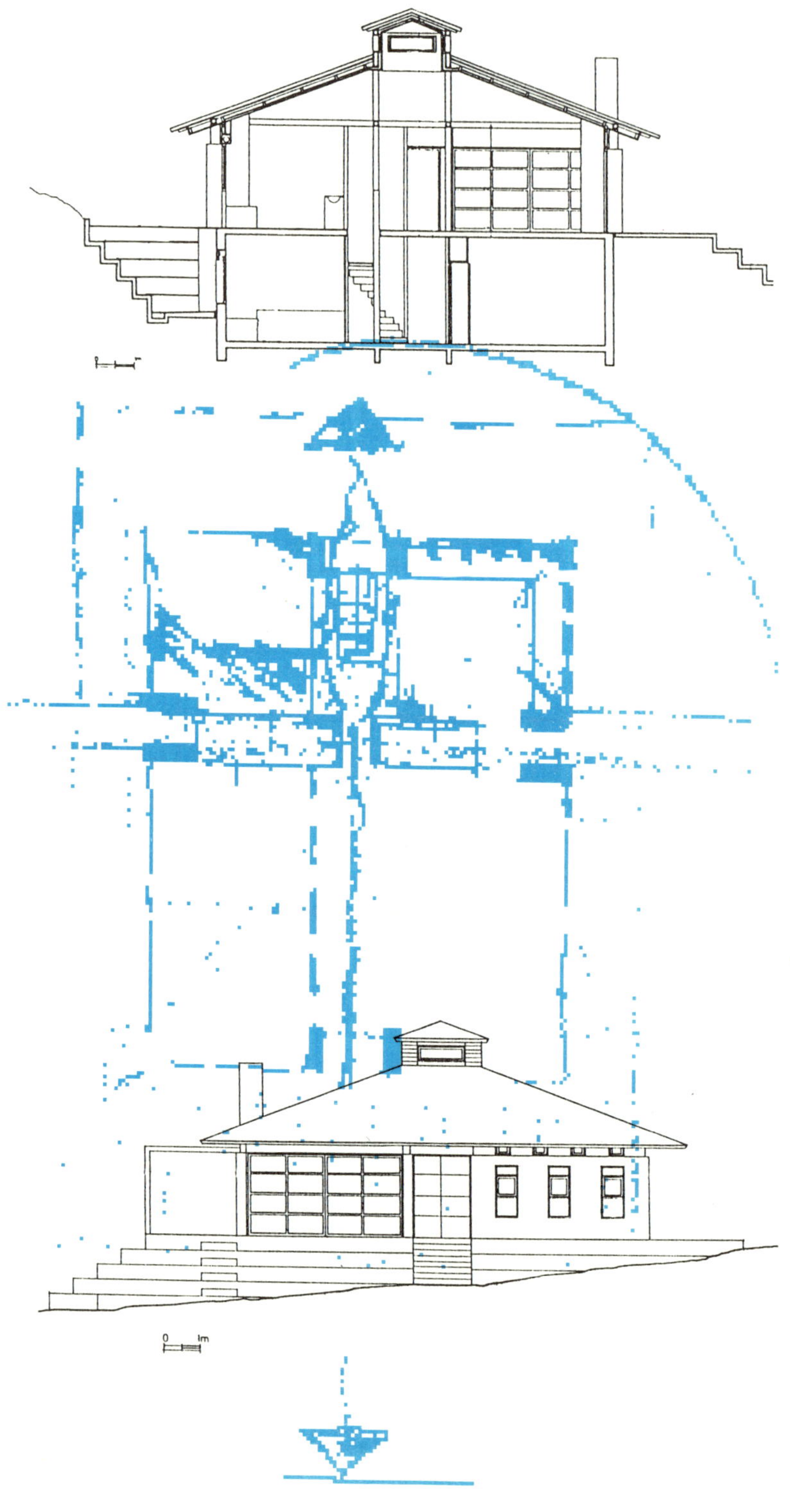
0
1m

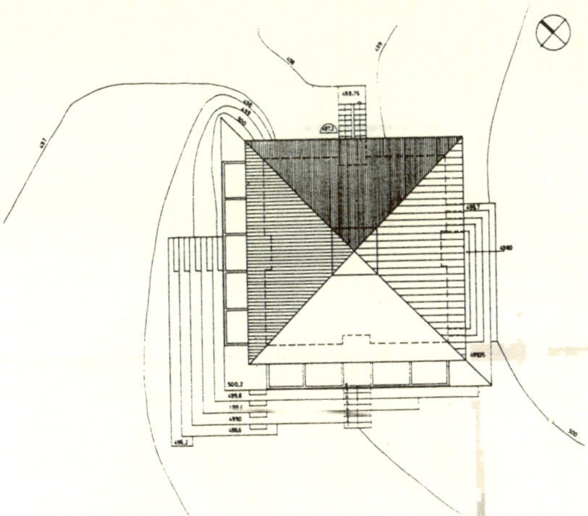

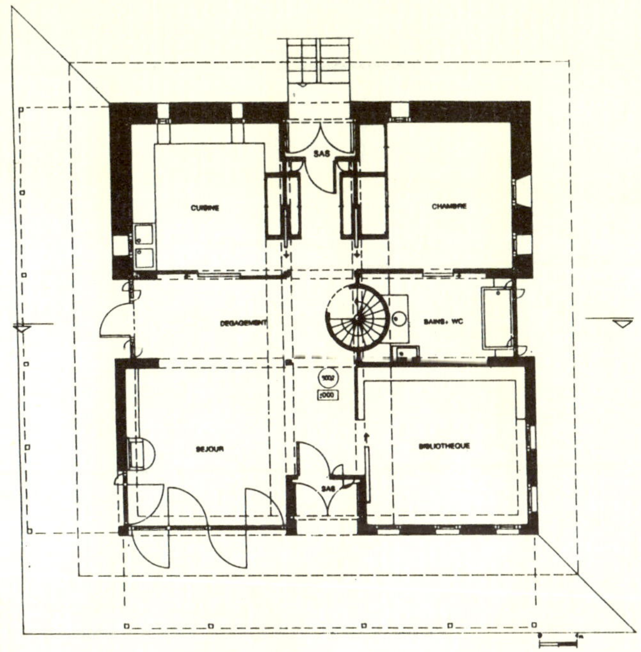

Une maison pour G. S. face à l'Olympe

« Il n'y a pas d'architecture sans contrainte. Le dessin est toujours soumis à la contrainte d'un programme même imaginaire. En ce sens, il n'y pas de maison idéale hors programme, hors site, hors un personnage, c'est-à-dire hors un imaginaire qu'on construit comme une pièce de théâtre. Ainsi, quand il y a cinq ans, G. S. m'a raconté son envie d'un « chez soi » sans savoir vraiment s'il le réaliserait, il savait pourtant fort bien où et pourquoi il l'imaginait.

Le site : un terrain face à l'Olympe sur une colline de l'autre côté du golfe du Thermaïque. Face à l'Olympe : voilà une belle contrainte ! Une maison qui épouse le sommet régulier d'une colline avec la possibilité de tout disposer – livres, objets du quotidien, etc – dans des rangements épais qui laissent les pièces libres et qui les délimitent sur deux côtés, les deux autres restant ouverts sur le paysage.

Voir le paysage et laisser l'air circuler au cœur de la maison quand la chaleur d'été demande la fraîcheur : voilà deux autres contraintes qui ont conduit à une géométrie face à l'Olympe.

La simplicité de la maison – un plan cruciforme, quatre carrés – tient autant de la banalité que l'Olympe tient de la « Montagne magique ».

Un plan qui rappelle que les « idées » opposées dans l'histoire se concilient dans l'imaginaire de l'architecte : maison ottomane associée à la géométrie implacable de Palladio, reprise par K.F. Schinkel, l'architecte berlinois néo-classique du XIXe siècle qui a tant rêvé d'une architecture olympienne.

Cette maison « imaginaire » est née d'une discussion sur tout cela, un soir face à l'Olympe avec G.S. »

Yannis Tsiomis

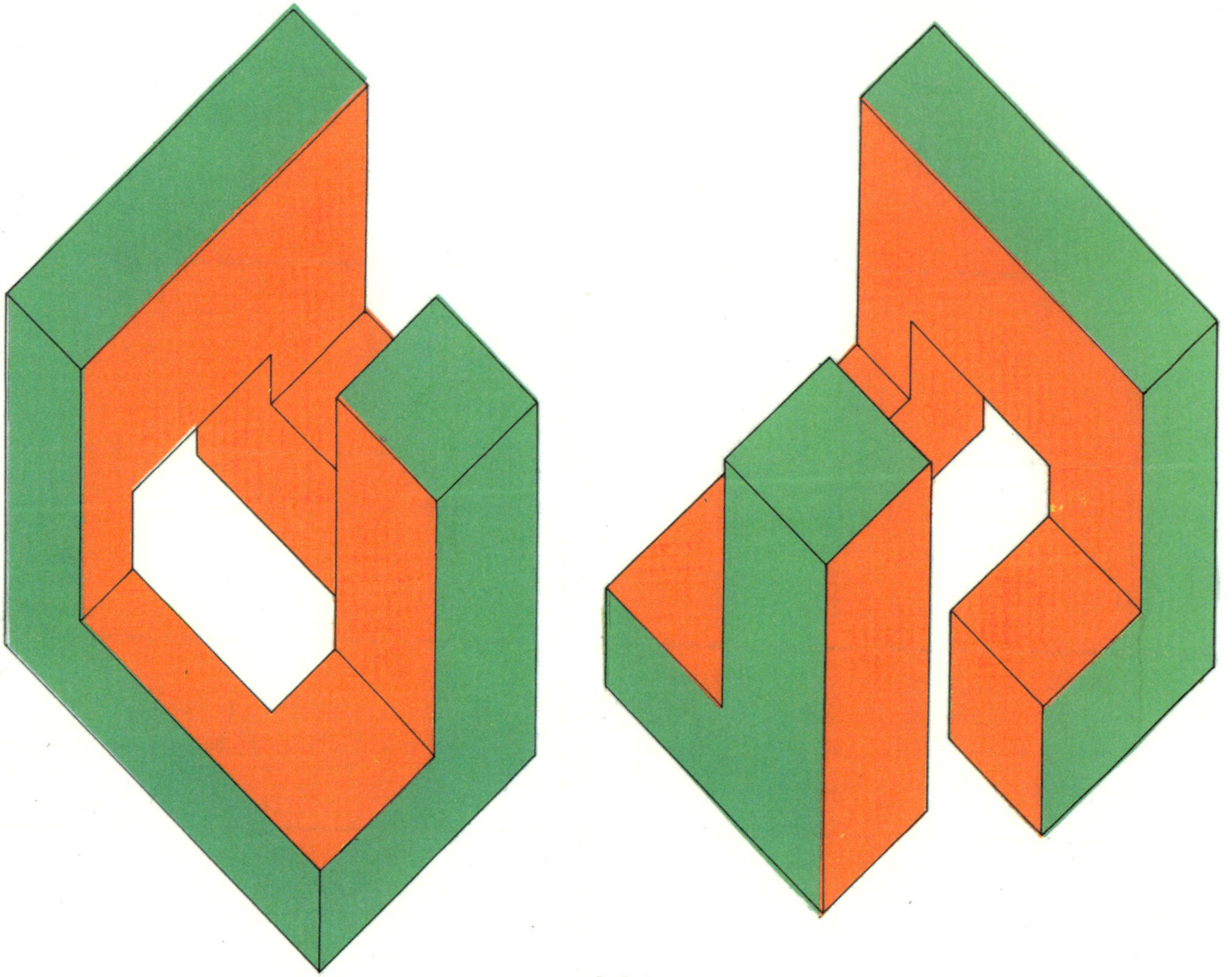

Maison maquette

“En découpant le dessin de la page suivante, vous pourrez créer une maison. Celle-ci symbolise pour nous la maison de rêve, comme une idée qui lentement prend forme et devient un objet modelé. Dans notre travail, la maquette est un acte, un procédé, qui représente en même temps un processus créatif et une source d'interrogation et de changement dans notre recherche.”

Dominique Jakob et Brendan MacFarlane

CULTURE
FRANCE

Si vous souhaitez obtenir les coordonnées des architectes cités dans cet ouvrage, écrivez à :

Joël Cariou
Editions Alternatives
5, rue de Pontoise
75005 Paris

Photogravure : Nicolas **Athanassopoulos**, Athènes
Impression, façonnage : **Betagraf**, Bologne
Imprimé dans l'Union européenne
Achevé d'imprimer en juillet 1997

Maquette intérieure :
Didier **Thimonier** et Isabelle **Fritsch**